JN033507

宣言が全国に拡大され、5月下旬まで継続された。

　その後も、コロナ禍は縮小、そして8月から9月にかけての再拡大、その後の若干の縮小と11月以降の再拡大の波を経験しながら、容易に終息（あるいは収束）が見通せない状況が続いている。この間に多くの労働者が職を失ったり、休業や時間短縮で賃金が減少し、フリーランス等の就業活動は停止し、生活基盤を失わせる事態が起きている。コロナ禍は、その打撃の底の深さ、期間の長さ、そして出口の不透明感など、これまでの大きな自然災害や経済危機とは比べようのない側面を持っている。

　働く人たちはこうした事態に直面しながら、したたかに生きていかなければならないが、それを支えるのが政府の役割である。コロナ禍の打撃は、普段から保護やセーフティネットが十分でない「社会的弱者」により集中して現れた。それ故に政府の対応策が重要となっている。

　こうした事態は、世界中に共通しているが、国のトップの対応、メッセージの出し方、対応策にはそれぞれの国の特徴がよく現れている。日本での対応を考える際に、こうした文脈の中での分析も必要となる。本書でも部分的に留まるが、そうした試みを行っている。

　本書の構想ができたのは、コロナ禍の被害が拡大し深刻になっている頃であった。この危機がとりわけ雇用や働く人々に顕著に現れており、労働組合や市民団体、NPOらがそれへの対策で積極的に活動をしていた。しかし、多くの方から、学者は何をしているのかというお叱りの声が聞こえてきた。多くの本が出されたが、概して社会科学者の対応は鈍かった。こうした危機に対して何らかの展望を示すことができないと、雇用問題に深く関わっている私たちの存在意義は薄れてしまいかねない。歴史学者の藤原辰史の言葉（朝日新聞社編『コロナ後の世界を語る』（朝日新書、2020年）90頁）を私なりに咀嚼すれば、人文学・社会学の「知」がこの危機を乗り越える糧となると考えられる。私たちは、その知を磨き上げていく責任を負っている。

　そんな気持ちから、普段から付き合いがある労働組合や実務家、そして研究者と話をして、今回の出版の準備に取りかかった。事態が刻々と推移しており、出版まで時間がかかってしまった。

　本書の読者として念頭に置いているのは、雇用問題に関心のある市民、学生、弁護士、労働者（場合によっては解雇等の対象となっているかも知れない）らである。内容については、整理解雇基準を示したり休業手当の解釈論を展開するなど、できるだけ実務にも役立つようにしてはいるが、それに留まらず雇用はどうあるべきかを考える書物になるように企画している。そのため法律の仕組みの説明ではなく、その哲学と課題の分析にも力点を置いている。

　コロナ禍はなかなか出口が見えない状況にあるが、働く人々はどのように立ち向かっているのか、ポスト・コロナには何が来るのか、私たちなりに考えていることを、本書は世に問おうとしている。とは言っても、本書によってすべての問題が論じ尽くされているわけでもないし、問題がクリアに解決されているとも考えていない。今後とも読者の協力を得ながらこの本書の課題の解決に向けた作業を継続していかなければならない。読者諸賢には、今後に向けたアドバイスや叱責を寄せていただければ幸いである。

　最後となったが、日本評論社と編集者の中野芳明氏には、こうした意図を理解していただき、支えていただいた。また、多忙な中で多くの人に本書に協力していただいた。皆さんにも感謝の念で一杯である。

　2020年12月

和田　肇

コロナ禍に立ち向かう働き方と法
目次

はしがき　i

略語　xi

序章 ——————————————————————————————————————— i

1　コロナ禍の雇用現場での被害
2　コロナ禍への対応？
3　本書の概略
4　訴えたいこと

第1章　コロナ禍と雇用の現場 —————————————————————— 9

はじめに

一　コロナ禍の労働相談とコミュニティ・ユニオンの活動　9

1　個人加盟制の労働組合として
2　名古屋ふれあいユニオンの歴史
3　新型コロナ感染がもたらした労働問題の特徴
　　(1)正社員　(2)契約社員　(3)派遣労働者　(4)パート（短時間）労働者
4　地域共闘と労働行政への対応について
5　労働組合活動の制限や団体交渉権について

二　弁護士の経験　18

1　コロナ禍以前の経験
　　(1)バブル崩壊後のリストラ解雇　(2)リーマン・ショックと「派遣切り」
　　(3)コロナ禍の下での労働問題と比較して
2　コロナ禍の下での日本労働弁護団の取り組み
　　(1)コロナ問題労働ホットラインの結果から　(2)日本労働弁護団の取り組み
3　コメント

コラム　営業「自粛」と憲法 ……………………………………… 24

1　感染拡大防止対策としての「自粛」要請
2　補償なければ禁止なし？
3　「自由」の意味を問い直す
4　営業「自粛」と損失補償

第2章　解雇、雇止め、派遣切りと労働法 ——————31

はじめに

一　コロナ禍と整理解雇　*33*

1　解雇権濫用法理と解雇の類型
2　整理解雇はどのような場合に許されるのか
3　コロナ禍と整理解雇
　　(1)整理解雇と雇用調整助成金　(2)裁判例

二　コロナ禍と雇止め　*39*

1　有期雇用労働者の実情
2　雇止め法理はどのような考え方か
3　コロナ禍の下での雇止めをどう考えるべきか

三　派遣労働者とコロナ禍　*45*

1　派遣労働の特徴とコロナ禍における派遣労働者の状況
2　労働者派遣法の歴史
3　現行派遣法の問題点とコロナ禍

四　おわりに　*51*

第3章　休業手当、雇用調整助成金、休業給付金 ——————53

はじめに

一　休業者の実態　*54*

二　休業手当の支払の実態　*55*

三　履行不能と反対給付（賃金支払）の仕組み　*57*

1　労働ができない場合の賃金の扱い
2　労基法26条の趣旨

四　休業手当　*60*
　　1　労基法26条の帰責事由
　　2　コロナ禍での緊急事態宣言による休業
　　3　休業手当の計算方法
五　雇用調整助成金　*63*
　　1　雇用調整助成金の機能
　　2　コロナ禍と雇用調整助成金
　　3　手続の問題
　　4　雇用調整助成金申請の実態
六　休業支援金・給付金　*68*
　　1　新制度の趣旨と内容
　　2　制度の特徴と問題点
　　3　利用状況
七　まとめ　*70*

資料　社会保険労務士に聞く ……………………………………… *71*

補論　ドイツの操業短縮手当 ……………………………………… *75*
　　1　メルケルの覚悟
　　2　ドイツの操業短縮手当——雇用調整助成金のモデル
　　3　利用状況
　　4　EU の制度

第4章　テレワークの意義と可能性————————————*83*

はじめに
一　テレワーク推進に関する政府の動向——COVID-19拡大後の状況　*84*
二　テレワークの現況——COVID-19拡大前後の状況　*86*
　　1　テレワークの導入状況
　　2　テレワークの実施状況と頻度
　　3　テレワークの実施職種、効果、問題点等
　　4　COVID-19拡大後のテレワーク——原則テレワークか原則出社か
三　テレワークの定義、性質、課題の整理　*91*
　　1　テレワークの定義
　　2　テレワークの性質
　　3　テレワークの性質と検討課題の整理

四　テレワークの課題
　　　──ニューノーマル時代の一般的な「働き方」として　*95*
　　1　テレワークの導入・実施に関する問題
　　2　テレワークと労働時間の管理
　　3　テレワークと健康確保
　　4　「つながらない権利」の保障と問題
五　おわりに──よりよい「働き方」としてのテレワークのために　*100*

補論　テレワークの国際比較 ………………………………………………*101*
　　1　先進国の指標
　　2　ドイツの事例
　　3　テレワークをめぐる労働法上の問題──ILO 報告書を中心に
　　4　まとめ

第5章　非正規雇用のセーフティネット ─────────*109*

はじめに
一　問題の所在　*109*
　　1　働き方改革の影と死角
　　　　(1)現状　(2)働き方改革の影　(3)働き方改革の死角　(4)三つの脆弱なグループ
　　　　(5)市場における移動自由の条件は何か
　　2　社会保障を受ける権利
　　　　(1)全「就業者」型社会保険　(2)生活保護の機能
　　3　社会保険制度の弊害・課題
　　　　(1)市場での移動自由か、「条件なき移動」強制か　(2)市場での移動自由を
　　　　可能にする条件としての社会保障および職業教育
二　人件費節約の法政策からの脱却　*118*
　　1　社会保険制度の二本立て：一部の労働者に対する労働者型保険制度
　　　　(1)適用が除外される家計補助的労働者　(2)保障されない労働者　(3)「現在の」
　　　　高齢者　(4)自営業者
　　2　競合する契約形式：不適切なインセンティブ
　　　　(1)「非正規雇用」の範囲　(2)労働者型社会保険の適用の基準
　　3　小括：事業主の負担を免れる「非正規化」および「非労働者化」人事政策
三　全「就業者」型社会保険へ　*123*
　　1　「主婦パート」

   2 非自立的自営業者とは
      ⑴「就業に中立的な」保障制度：移動を可能にする経済的生活　⑵「就業者」
      としての非自立的自営業者　⑶社会保障での「就業者」の捉え方　⑷運送業を
      例に
   3 家計を「一部または全部」維持する雇用労働者への適用
   4 「シフト制」への雇保法の適用
      ⑴パート・アルバイトの「シフトがはいっていない」状況　⑵雇保法は
      適用されないのか　⑶労働契約締結を意図していない「シフト制」
 四 おわりに　*129*

第6章　フリーランスのセーフティネット————————*131*

 はじめに
 一 コロナ禍でのフリーランスの現状　*132*
 二 フリーランスの経済支援　*134*
   1 フリーランスの休業補償
   2 多様な支援制度
   3 臨時措置としての持続化給付金
   4 持続化給付金の問題・課題
   5 文化芸術家支援
 三 海外でのフリーランス支援・経済補償——ドイツを中心に　*139*
   1 海外での経済支援
   2 ドイツの経済支援・補償
 四 フリーランスのセーフティネットの再構築　*143*
   1 フリーランスの実態
   2 働き方改革とフリーランス問題
   3 セーフティネットの破綻
 五 社会制度としてのセーフティネットの再構築　*147*
   1 一つのモデルとしてのドイツ法
   2 ドイツの芸術家の社会保険制度
   3 日本への示唆
 六 おわりに　*154*

 コラム　街にあふれる「ウーバーイーツ」と労働法 ……………………*154*

第7章　新型コロナとジェンダー────────*161*

はじめに
一　国際機関からの提言　*161*
二　女性・女児に対するコロナ禍の影響　*163*
三　日本の新型コロナ対策──ジェンダー視点の欠如　*165*
　　1　見直されなかった「世帯主義」
　　2　女性支援を阻んでいる法制度
　　3　非正規公務員問題

第8章　韓国／コロナ危機に立ち向かう「幸福国家」への展望──*171*

はじめに
一　家族ケアとの両立　*172*
　　1　コロナ危機と家族ケア
　　2　家族介護休暇制度の普及と家族介護費用緊急支援金
　　3　コロナ危機を理由とする家族介護休暇の延長
二　労働者類似の個人事業主に対する保護──特殊形態労働従事者　*176*
　　1　産業災害補償保険制度における「特殊形態労働従事者」類型
　　2　全国民雇用保険制度創設の試み
三　「幸福国家」へ　*178*

第9章　ポスト・コロナの「新しい常態」と働き方、働かせ方──*181*

はじめに
一　「新しい常態」と新しい社会モデル　*182*
　　1　新しい常態とは
　　2　新しい常態のイメージ
二　働き方の根本的改革　*185*
三　改めてワーク・ライフ・バランスの取れた働き方を　*187*
　　1　単身赴任の見直し
　　2　フレックスタイム制
　　3　ケア労働と家族共同責任
　　4　連帯の強化

四　新たな労働法規制に向けて　*192*

　　1　標準的労働関係モデルとは

　　2　標準的労働関係モデルの若干の修正

　　3　非正規雇用立法政策を考える視点

五　セーフティネットの強化　*197*

六　まとめに代えて　*200*

執筆者紹介　201

略語

法令

労基法	労働基準法
労基則	労働基準法施行規則
労契法	労働契約法
労組法	労働組合法
最賃法	最低賃金法
均等法	雇用の分野における男女の均等な機会及び待遇の確保等に関する法律
労災保険法	労働者災害補償保険法
労安衛法	労働安全衛生法
パート労働法	短時間労働者の雇用管理の改善等に関する法律
パート・有期法	短時間労働者及び有期雇用労働者の雇用管理の改善等に関する法律
労働施策推進法	労働施策の総合的な推進並びに労働者の雇用の安定及び職業生活の充実等に関する法律
雇保法	雇用保険法
国保法	国民健康保険法
健保法	健康保険法
厚年法	厚生年金保険法

雑誌

学会誌労働	日本労働法学会誌
季労	季刊労働法
ジュリ	ジュリスト
日労研	日本労働研究雑誌
判時	判例時報
法時	法律時報
民集	最高裁判所民事裁判例集
労旬	労働法律旬報
労判	労働判例

序章

1　コロナ禍の雇用現場での被害

　この30年間を見ても、原因は異なるが、雇用や社会生活に大きな影響を及ぼす重大な災害・危機をいくつも経験している。1990年代初頭のバブル経済の崩壊、95年の阪神・淡路大震災、2008年秋のリーマン・ショック、11年の東日本大震災とその後に起こった原発大事故等があげられる。2020年初頭から始まったコロナ禍による社会や経済への打撃は、規模や深さ、そして期間の長さのいずれを取ってみても、稀有な災害である[1]。

　第1章でも論じるが（特に相談業務で現れた生の事例を分析する）、ここでは主として統計資料によって雇用に生じた実態を明らかにしておきたい。

　⑴　コロナ禍の影響は規模に関係ないところもあるが、多くは小規模の企業・事業所にしわ寄せが及んでいる。受注減の工場、客が減少した食堂・飲食店、宿泊施設等、多くの事業所が閉鎖を余儀なくされ、収入減に陥る。その結果、労働者の解雇、雇止め、派遣切り等が生じた。

　厚労省は適宜「新型コロナウイルス感染症に起因する雇用への影響に関する情報」を公表しているが、最初に公表された5月29日、7月10日、8月14日、9月11日、11月20日の各段階での雇用調整の可能性がある事業所数、解雇等見込み労働者数、その内で非正規雇用者数は図表0-1の通りである（数値は累積値。ただし、非正規雇用者数は5月25日から算定）。これらの数値は確実に増えている。解雇等見込み労働者数が多い産業は、順に製造業、飲食業、小売業、宿泊業、

1）経済産業省『令和2年版通商白書・概要』では、「コロナショックは需給の両面のショックが相互作用して経済悪化が深刻化するものであり、主に供給面に影響した東日本大震災や主に需要面に影響した世界金融危機のような過去の経済危機とは異なる、全く新しい種類の経済ショックである」と言う。

図表0-1　雇用調整数（累積値）

	雇用調整の可能性がある事業所数	解雇等見込み労働者数（人）	内で非正規雇用者数（人）
5月29日	30,214	16,723	2,366
7月10日	62,754	35,001	12,996
8月14日	80,490	45,650	18,762
9月11日	93,929	54,817	25,334
10月9日	108,863	65,121	31,934
11月20日	116,602	73,111	35,244

出展：厚労省「新型コロナウイルス感染症に起因する雇用への影響に関する情報」から作成

図表0-2　雇用者の増減（単位万人）

	4月			7月		
	2020年	2019年	増減	2020年	2019年	増減
正規労働者	3,563	3,500	63	3,578	3,526	52
非正規労働者	2,019	2,116	▲97	2,043	2,174	▲131
内男性	640	626	▲26	657	707	▲50
女性	1,379	1,450	▲71	1,385	1,466	▲81
内宿泊業・飲食業	224	254	▲30	237	260	▲23
卸売業・小売業	432	454	▲22	433	445	▲12
製造業	245	279	▲34	232	257	▲25
教育産業	103	114	▲11	123	130	▲7
生活関連・サービス業	92	104	▲12	96	110	▲14
その他のサービス業	182	183	▲1	180	202	▲22
医療・福祉	313	304	9	295	308	▲13
運輸業・郵便業	100	99	1	98	110	▲12

出展：総務省「労働力調査（基本集計）」「主な産業別非正規の職員・従業員数」

労働者派遣業、卸売業等となっている。

　これらの数値は、主として公的機関で把握したものであり、失業手当の申請や雇用相談等を行っていない者が相当数いると予測されるから、実態はこうした数値をかなり超えていると考えられる。

　(2)　総務省「労働力調査（基本集計）」（2020年5月29日、同9月1日）によれば、前年比で労働者の増減は図表0-2のようになっている（単位万人）。前年比で、正規雇用は増加しているが、非正規雇用が減少している。非正規の減少が多い産業は、製造業、飲食業、小売業等である。コロナ禍がもっぱら非正規雇用に影響を及ぼしていることが分かる。

　(3)　厚労省「雇用保険事業月報・年報、主要指標(2)一般」によれば、雇用保険の基本手当（延長給付を除く）について、2020年4月分で受給資格決定件数は177,395件で、受給者実人員（季節調整前の原数値）は351,197人であり[2]、これらを前年の4月段階と比べると、前者は、7,218件増、後者は3,523人増となっている。また、7月分では、受給資格決定件数134,949件、受給実人員（季節調整前の原数値）533,170人、これらを前年の7月段階と比べると、前者は、19,125件増、後者は115,216人増となっている。コロナ禍の影響が月を追う毎に増えていることが分かる。

　それ以上に深刻だったのは、普段からセーフティネットが脆弱である、フリーランスや小規模自営業、外国人技能実習生、アルバイト学生等であり、日銭で生活している人にとっては、生存の危機となっている。これらの者は、失業保険がなく、多くのセーフティネットの対象から排除されている就業者である。この中には労働者類似の者も相当数いるが、政府はこうした「雇用関係によらない働き方」、あるいは「雇用類似の働き方」を拡大しようとしている（働き方改革、高齢者雇用改革）。なお残念ながら、これらの者の就業実態やコロナ禍が与えた影響については、公的な統計はない。

2　コロナ禍への対応？

　こうした事態への政府の対応は、果たして十分であったと言えるのか（一部は地方自治体も対応した）。そもそもセーフティネットは十分であったのか。「十分」というのは、対応の機敏さ、内容の充実度、公的な手続の妥当性などの側

2）基本手当は、離職し、受給資格決定を受けた後、待機期間7日（全受給資格者に適用）プラス自己都合退職の場合には原則として3か月間の支給制限期間を経て、一方解雇や雇止め、契約期間満了、定年退職などの場合は、待機期間経過後支給制限期間なしで、以降原則として4週間ごとに失業認定を受けて所定給付日数を限度に支給される。数値は、離職後ハローワークにて新たに受給資格決定を受けた件数と初回受給者数である。

面から検討される必要がある。

　また、PCR 検査の体制が十分でないことも起因して、日本のコロナ対策はクラスターの発見を主としたものであったが、そのことの評価は科学的に行われる必要があろう。日本政府の声明の発信の仕方、対応・対策の機敏性、そして国民の政府への信頼度については、その評価は国内外で概して芳しくない。著者たちも、日本のコロナ対策は、政治面や法的側面から見てもとても及第点をあげられないと考えている。とりわけ数多くの政治スキャンダルを内部に抱えており、政策判断も他事考慮が多すぎたからである。

　同じコロナ禍でも、政府の対応は国によって大きく異なっていたし、現在でも異なっている。普段のセーフティネットの充実度も異なるし、政府の危機感も異なる。本書は何ヶ所かで外国の事例を紹介したり、労働法と直接は関係ないテーマについても論じている。全面的な分析ではないが、コロナ禍対応については多面的な分析が必要と考えたからである。本書では、単なる事案の解釈学的な考察に留まることなく、雇用政策や社会保険なども含めた政策、そして可能な限り今後のビジョンを描こうと考えている。

3　本書の概略

　第 1 章では、労働現場で起きた問題を、相談に従事し、場合によっては自ら解決にも尽力してきた労働組合と労働弁護団が分析する。名古屋ふれあいユニオンは、非正規雇用労働者を多く組織しているローカルユニオンであり、中でもブラジル人を中心とした日系人の労働組合員を多数、擁している。外国人労働者の現状についても、貴重な情報が提供されている。日本労働弁護団は、この間も各地で労働相談業務に従事してきた。一時は裁判所も閉鎖されるなどのために、ステイ・ホームも経験している。

　なお、コラムとして、営業活動、移動の自由の制限と補償のあり方について憲法学の分析を掲載した。国によってその制限方法や補償に特徴が見られた。

　第 2 章では、コロナ禍での雇用関係の終了の法的処理について検討する。経済危機や自然災害の際にその影響は非安定雇用である非正規にもっとも集中的に現れるが、コロナ禍でも同じである。派遣労働者の派遣切り、反復更新されている有期雇用の雇止め、そして無期雇用労働者の解雇、あるいは有期雇用の

中途解約について、今回起きている事態の特徴（たとえばリーマン・ショック直後の派遣村のような社会運動にはならなかったこと）にも触れながら、その法的問題を整理する。この分野では、整理解雇法理や雇止め法理など判例法理の機能が特に重要である。

　第3章では、使用者が行う休業について、それへの金銭補償を中心に論じる。雇用の喪失を回避することが労働者にとってだけでなく、経営危機を脱して事業を再開しようとする使用者にとっても、そして経済全体にとっても大切である。企業としては休業措置を講じることになるが、そこでは自宅待機中の、あるいは時間短縮を余儀なくされた労働者の所得補償が必要になってくる。使用者が休業手当という形でこれを行う場合、国の制度として雇用調整助成金がある。今回の経済危機でもこれが積極的に活用された。ところが、企業によっては休業手当を支給できない、あるいはしていないところが、中小企業を中心に多くあり、それに対する特別な対策が必要になった。そこで臨時的に新型コロナ対応休業支援金として、休業労働者が直接に給付を受けられる「休業給付金」の制度が設けられた。こうした制度の機能や課題についても分析する。

　なお、資料として、こうした休業補償の実務の実態を明らかにするために、社会保険労務士の方々にインタビューを行い、その結果を分析している。また、補論として、日本の雇用調整助成金のモデルとなったドイツの制度等を紹介し、彼我の異同を明らかにしている。

　第4章では、テレワーク（在宅勤務、モバイルワーク、サテライトオフィスなど）の拡張と課題を明らかにする。コロナ禍でステイ・ホームが要請され、多くの企業や労働者がテレワークを実施した。コロナ禍で急速に拡大したが、内閣府「新型コロナウイルス感染症の影響下における生活意識・行動の変化に関する調査」（2020年6月21日）では、普及率（テレワーク、テレワーク中心、定期的テレワーク、基本的にテレワーク）は全国平均で34.6％（東京23区では55.5％）、緊急事態宣言解除後にはそれが再び減少傾向に転じた。

　それは何故なのか。日本の働き方の問題か。しかし、現実には今後も相当程度導入せざるを得ないと言われている。その際の課題は何か。たとえばフランスなどで行われている「切断する権利」は可能か、会議のあり方を考え直す必要があるのではないか、労働時間の管理をどうしたらよいか、労働者の健康の

リズムや安全配慮などをどのようにしたらよいか等、検討すべき課題は多い。こうした課題を明らかにするために、補論では、テレワークの国際比較やそこで提起されている課題について分析している。

　第5章では、コロナ禍の影響がとりわけ大きく現れている非正規雇用のセーフティネットについて、社会保障法の側面から検討する。ここでは非正規雇用が抱えている問題・課題を多面的に（低賃金、雇用の不安定、ケア労働の負担等）分析するとともに、特に社会保険（失業保険、年金保険、健康保険、介護保険）から排除されている労働者の存在をどう考えるか、現在の被用者保険（著者は「被用者型社会保険」という）と自営業者・非雇用者保険（著者は「住民型社会保険」という）という二本立ての社会保険制度の問題点、そして「男性働き主モデル」という日本の独特の制度について検討する。こうした課題についても考え直す契機にしたい。

　第6章では、これまで労働法や社会保障法の視野から外されがちであったフリーランスのセーフティネットについて扱う（第5章でも触れている）。フリーランスが増加し、そして政府の政策でも今後さらにそれを増やしていこうとしているが、コロナ禍で彼ら・彼女らの雇用の不安定さ、その場合の所得補償の制度の欠如が改めて明らかになった。ところが、諸外国ではいち早く芸術家の公的支援などフリーランス対策が出されるようになると、さすがに日本でも同様の対策が少しずつ講じられるようになった。個人自営業者や中小企業に対する持続化給付金制度であるが、他方では手続の煩雑さ、支援の遅れ、民間機関に委託して実施されたが、そのプロセスで生じた問題等、批判も多かった。そこで改めてフリーランスのセーフティネットについて検討してみたい。

　なお、コラムとして、コロナ禍の中で街で遭遇する機会が多くなったウーバーイーツの配達員の問題を扱っている。そこにフリーランス問題が典型的に現れていると考えられるからである。

　第7章では、コロナ禍で現れたジェンダー問題を剔抉し、その対策を提案したい。ケア労働が女性に集中、学校の休校で子供が在宅を余儀なくされたが、その虐待の問題、ドメスティックバイオレンスが増加した問題等が現れた。これらは、いわば日常におけるジェンダー問題が危機下でより顕在化したと言ってもよいだろう。それ故に、問題の所在や解決の糸口も摘出しやすい。これら

は、部分的には雇用・労働問題であるが、それを超えている側面もあり、それ故にここで改めて検討をしておく必要がある。

第8章では、韓国のコロナ禍対策について分析している。いち早くPCR検査を徹底し、対策が効果を発揮したが、その後7月には再びクラスターが発生し、新たな対策が求められた。こうした点に留まらず家庭でのケア労働を支える対策や非正規雇用対策を進めてきている。幸福国家というスローガンの下、日本とも異なる雇用対策を展開していることを明らかにしている。

第9章では、「新しい常態」に対応した「新しい働き方」とは何かについて述べたい。コロナ禍では働き方が抱えている多くの問題・課題が明らかになった。通勤渋滞や過度の都市部への人口集中の問題と地方分権の課題、コロナ禍や経済のグローバル化で脆弱になっている産業構造のいびつの問題（医療・介護の体制の弱体化や人材難、生活必需品のサプライチェーンの欠点、過剰なインバウンド依存策など）、Industrie 4.0が言われている中でのIT、ICTやIoTの立ち後れなどがある。

4　訴えたいこと

今、ポスト・コロナとして「新しい常態」（new normal）への移行が提起されている。マスコミや公文書などでは、「新しい日常」とか「新しい生活様式」などと表現することもあるが、アメリカ発のこの概念を正確に表現しているとは思えない。詳しくは第9章で論じるが、それまでの日本的な働き方（無尽蔵な残業、家庭に犠牲を強いる単身赴任、不安定で安価な労働力として利用されてきた、社会的弱者 contingent な非正規雇用の増加、セーフティネットを欠いたフリーランス等）に戻ることが「日常」と考えられやすいからである。たとえば緊急事態宣言が解除されると、多くの会社は以前と同じように労働者に出勤を命じ、その結果、通勤ラッシュが再現した。

しかし、新しい常態での働き方、働かせ方は、それとは異なるものとなるはずである。テレワーク以外にも、交通渋滞を避け家族的責任、ワーク・ライフ・バランスと調和的なフレックスタイム制（時差出勤制）の拡大、今までのような120％アクセルを踏み続けるような働き方の典型である無尽蔵な残業の制限、年休の計画的な取得、女性に負担をかける単身赴任の制限、あるいは勤

務地変更における労働者の意向の尊重の仕組み、企業における労働者集団の意向を尊重する制度の再構築といった課題が考えられる。これは結局、長年課題となっていた「ディーセント・ワーク」の実現に本格的に舵を切ることを意味している。

　喉元過ぎれば熱さを忘れる、といって今までの生活スタイルに戻ることはできない。悲劇のデジャブを繰り返すことは避けるべきである。「これを機会に私たちの働き方を考え直してみませんか！」コロナ禍から学ぶことは、そうした新たな働き方の創造であろう。

〔和田　肇〕

第1章

コロナ禍と雇用の現場

はじめに

　コロナ禍で労働の現場あるいは雇用社会に何が起きているかを明らかにすることから、本書を出発したい。コロナ禍で困っているのは、労働者だけでなく、使用者もその立場で悩んだり、勉強したりすることが多いだろう。しかし、被害は圧倒的に労働者や働く人に集中しているので、その相談に乗っていたり、あるいは問題解決を一緒に模索している立場から見ることが肝要である、というのが本書の基礎にある考え方である。

　愛知県を中心に活動している地域ユニオン（組合員の多くは個人加盟者である）の名古屋ふれあいユニオン＊副委員長の浅野文秀さんと、労働弁護団で活躍している小島周一弁護士に紹介、分析して頂いた。

　＊名古屋ふれあいユニオンは、「名古屋ふれあいユニオン」という機関紙を毎月発行しているが、そこには組合員からの相談事案、団交事案、労働委員会への申し立て事案、訴訟事案等が紹介されている。4月以降、相談事案が増加していることが分かる。なお、同組合の活動については、https://nagoya-union.online/　も参照されたい。

一　コロナ禍の労働相談とコミュニティ・ユニオンの活動

1　個人加盟制の労働組合として

　名古屋ふれあいユニオンは、個人加盟制の労働組合である。愛知県内で働く労働者であれば、誰でも一人から参加できる。

　組合員は職場における活動形態により、以下の3つに分けられる。

　㋐　分会組合員：職場分会に所属する組合員

職場で複数の組合員がいて、代表者を決め、会社と継続的に交渉を行っている。

㈡　個人組合員：会社に加入通知している個人組合員

職場で一人または数人で、解雇・雇止めの雇用問題や、労働条件の切り下げ、労働災害、セクハラ・パワハラなどの課題に取り組んでいる。

㈢　登録組合員：会社に加入通知していない組合員

会社と交渉することになったとき、個人組合員または分会組合員に移行する。

上記３つの区分けは組合費の設定のためにつくられたが、組合員としての権利は全員平等である。2020年7月末現在、組合員数は485人、うち4割は外国人労働者である。

組合員の雇用形態は、社員、契約社員、パート、アルバイト、派遣などさまざまである。そして社員以外の人は、①雇用契約が有期雇用契約、②賃金が時給、③賞与や退職金が出ない、といった労働条件であることが多く、雇用の面でも労働条件の面でも不利益な扱いを受けている。組合結成当初、そうした労働者について「不安定雇用労働者」という呼び方をされていたが、2000年に入って派遣労働者が大半の産業や職種で導入され、リーマン・ショックで大量の失業者が出るなか、フルタイムで期間の定めなく働き月給や賞与が支払われる正規労働者に対し、それらの条件が欠けている労働者のことを「非正規労働者」と呼ばれれるようになった。

最近、政府（厚生労働省）は、「非正規」という言葉は否定的だから使わないようにしているらしい。しかし厚労省の資料でも非正規労働者が全労働者数の38％を占めるようになっており、その存在や実態に目を背けることがあってはならない。

当ユニオンは国籍や雇用形態を問わず、労働者の人権・雇用・労働条件の向上のために、一人ひとりの組合員の意見を尊重する組織運営に心がけていきたいと考えている。

2　名古屋ふれあいユニオンの歴史

1980年代、パートやアルバイト、中小企業の労働者の労働相談活動からはじまったユニオンが、全国的に連絡を取り合って、1990年に「コミュニティ・ユ

ニオン全国ネットワーク」（以下、全国ネット）を結成、95年に発生した阪神・淡路大震災の際に、全国のユニオンが協力して労働相談に取り組むなどして全国的なつながりが作られた。現在32都道府県、76ユニオンが地域の特性に応じて活動している。全国ネットのメインの活動は、年に1回開催される「コミュニティ・ユニオン全国交流集会」で、毎年開催地域を替えて、全国各地からユニオンの仲間が集い、交流や学習会を行っている（今年は新型コロナの感染拡大により、交流集会が中止になった）。

　当ユニオンは、この全国ネットの活動と連携して活動していたメンバーと、長年女性労働に取り組んでいたメンバーらが中心になって、1999年の1月、28人で結成された。すぐに労働相談活動を始め、幸い結成が地元マスコミに好意的に報道されたこともあって、初年度から多くの労働相談が寄せられた。この年は労働者派遣法の改正により派遣労働が原則自由化された年であった。

　当ユニオンは結成準備の段階で、全国ネットの仲間に講師になっていただき、個人加盟制のユニオンの活動の進め方や、労働相談に臨む心がけ等を学んだ。また全国ネットが各地域毎に「地域ネットワーク」をつくって協力関係を深めていることに習い、東海地方（愛知・岐阜・三重・静岡）でも「コミュニティユニオン東海ネットワーク」を99年秋に結成した。現在、18のユニオン・団体が参加し、当ユニオンがその事務局を担っている。

　以来、約20年間、全国・地域のユニオンとともにユニオン活動を継続してきた。結成当初28人だった組合員は、日常的活動とともに、雇用情勢の変化に対応した活動によって、500人近い組織となった。

　当ユニオンを結成する少し前の1995年、経営団体は日経連が発表した報告書『新時代の「日本的経営」』により、雇用形態を「長期蓄積能力型」「高度専門能力活用型」「雇用柔軟型」にグループ化し、労務管理を行う方向が打ち出された。それまでは明確でなかった従業員の雇用を区分けすることにより、安定した雇用の下で能力を蓄積する社員以外は、経営の状況により雇用を柔軟に調整できる体制とすることが打ち出されたのだった。

　その後、各企業でそれに沿った労務管理が進められてきた。そして高度専門活用型の一部と雇用柔軟型の大半が、派遣、契約社員、パート、アルバイト等の非正規雇用となった。ユニオンにはそうした非正規雇用労働者から多くの相

談が寄せられることとなった。特にユニオンが結成された1999年に派遣できる業務が原則自由となった派遣労働者から、雇用問題や契約違反に関わる多数の相談が寄せられた。

　そのピークとなったのが、2007～08年のいわゆる「リーマン・ショック」のときであった。それまで派遣労働の比率を上げてきた愛知県の製造業、とくに自動車産業は、突然の雇用調整を、いわゆる「派遣切り」によって切り抜けようとした。ユニオンには連日、雇用期間中にもかかわらず、派遣先の仕事がなくなったことを理由に雇用主である派遣会社から解雇され、寮から追い出される、という労働者からの相談が寄せられた。そして当時の派遣会社は社会保険・労働保険に加入していないケースも多く、明日からの生活に困る労働者が相談に訪れた。

　その多くが自動車産業で働く外国人労働者であった。当時は契約書もまともに渡されておらず、次々と「派遣切り」にあった労働者が集団で相談に来た。ユニオンは派遣元・派遣先に対し団体交渉を申し入れ、解雇の撤回やその補償、雇用保険の遡及加入に次々と取り組んでいった。生活そのものを脅かされた労働者を守るために急遽結成された「反貧困ネットワーク」とも連携を取りながら、多くの相談・交渉に取り組むこととなった。

　この時期を機に、ユニオンは専従体制を強化し、増え続ける相談と交渉に対処することとなった。このときの経験は、今年2020年、新型コロナ感染拡大で、リーマン・ショック時を上回る労働相談の解決に活かされている。10年間で整備してきた相談体制と専従体制、職場組織の確立により、過去最高の労働相談件数に対し、なんとか相談対応と解決に取り組み解決を図っている。

　全国で東京に次いで外国人労働者の多い愛知県の、特に製造業で働く労働者からの相談が後を絶たず、組合員数でも全体の４割が外国人労働者となっている。外国人労働者は業務内容や賃金において明かな差別扱いをされている一方、外国人同士のつながりが強く、組合活動に対する期待も大きい。

3　新型コロナ感染がもたらした労働問題の特徴

　2020年１月に新型コロナウイルスの国内感染が初めて確認され、３月２日から全国小中高校の臨時休校が要請された。そして３月24日に東京オリンピック

の開催延期の発表があった直後から国内感染者の急増が発表され、4月7日に緊急事態宣言が発出された。その後、同宣言は5月14日に全国39県で解除され、同月25日にはすべての都道府県で解除されたが、コロナ感染は今も終息していない。

　2月の段階から、仕事を止められた飲食業や旅館業では解雇、休業、賃金不払等の問題が発生しており、それらに関連した相談も寄せられた。しかし、多くが小規模・家族経営のため、有休使用や休業手当の支払に関わる労基法違反について、行政などを通じて是正するに止まる案件が多かった。

　3月になると製造業で働く労働者からの相談がふえはじめ、3月〜6月の電話相談・面接相談は例年の2.5〜3倍にのぼるようになった。7月以降も相談件数は高止まり状態である。相談内容は当然、新型コロナに関連した雇用問題、労働問題が多くを占めている。相談内容が、「有給休暇が使えない」「社会保険に入っていない」「休業手当を支払ってもらえない」など、雇用主の対応が明らかに不当な場合はアドバイスで済むこともある。しかし、解雇・雇止めや労働条件の切り下げなど、会社との交渉が必要な課題についてユニオンでの取り組みを求める相談者も多く、交渉案件も結成以来最も多くなっている。

　このように相談が急増したのは、2008年から09年にかけてのリーマン・ショックの時以来である。しかし、当時の相談・交渉と今回を比べ、共通する点もあるが、違った点もある。以下、雇用形態毎に相談・交渉の特徴を述べる。

(1)　正社員

　当ユニオン17分会中、主に正社員で構成されているのは7分会ある。そのうちいくつかの職場で、今回のコロナにおける生産調整のための休業が長引くことにより、生活に大きな影響を及ぼしている。とくに休業補償について、労基法の最低基準である平均賃金の60％しか支払わない会社には、雇用調整助成金の有効な利用などで支払額を増やすよう求めている。

　あるタクシー会社では、乗客が激減し、一定の売上げが上がらないと歩合給が全額カットされ、最低保証額（県の最低賃金レベル）にされた上に、待機時間が休憩時間としてカットされることとなった。これに不満を募らせた労働者が当ユニオンの分会を急遽結成し、その後団体交渉を申し入れている。

　個人の相談では、はっきりとした「解雇」は少ないものの、退職勧奨や、広域・他業種への配置転換、いじめ、不当な成績査定などの相談などが寄せられている。その多くはコロナによる経営不振が関連している。また、いったん職場全体が休業になってその後再開された際に、自分だけ休業命令が続いて職場に戻れない、という相談がいくつかあった。「追い出し部屋」ならぬ「追い出し休業」である。

　こうした対応を個人に迫るにあたり、雇用主が平時では問題にされなかったような理由を拾い出し、同僚労働者に不利な証言をさせることによって、労働者を追い詰めることも少なくない。

　また、企業内に労働組合があるにもかかわらず、相談できずにユニオンに連絡してくる労働者もいる。その場合、いったん職場の組合に相談するように勧めるが、それが困難な場合には当ユニオンに加入して取り組んでいる。

　職場で孤立させられた労働者については、まず解雇を許さず、いじめ・いやがらせを止めさせたうえで、その後の労働条件の問題について粘り強い交渉を行うことで雇用継続を勝ち取る必要がある。

　これまではなかった「在宅勤務」、「テレワーク」に移行する上での労働条件についての相談・交渉も寄せられている。コロナの感染対策や経費節減のためにこれからも新たな働き方として導入する必要性は否定できないが、それを理由に労働条件の低下につながらないよう注意が必要だ。

(2)　契約社員

　17分会のうち7分会、75人は外国人労働者であり、すべて「契約社員」等の非正規雇用である。仕事内容は社員と変わらないが、給与は時給で昇給はほとんどなく、賞与はわずか、退職金制度はない。有期雇用契約を繰り返し、20年以上働き続けて来た人も少なくない。

　2013年4月施行の労働契約法改正により、5年以上働いた有期契約労働者は無期雇用に転換する申請を雇用企業に対して申し込めるようになり、施行から5年を経過した18年4月から契約社員は無期転換を申し込めるようになった（同法18条）。さらに「働き方改革関連法案」の一つとして、「同一労働同一賃金」が20年4月から施行された。

　それらの課題への取り組みを始めた矢先、コロナによる人員削減、労働条件の切り下げの波がユニオンの分会、特に7分会の外国人労働者に襲ってきている。

　ある分会に対しては、コロナによる生産減を理由に、勤続年数にかかわらず、無期雇用に転換した者に対しても雇用を打ち切る提案が出された。また別の分会に対しては、契約途中に配転は原則ないという契約内容にもかかわらず、異なる職場への配転を強行しようとしてきた。こうした会社提案に対し、ユニオンは、団体交渉・抗議行動や行政・領事館への申し入れ等を展開して、雇用の打ち切りや労働条件の一方的変更・賃下げに反対する行動を行い、提案の撤回・修正を求めている。

　これらの会社は、社員の雇用や労働条件について配慮をしているにもかかわらず、契約社員に対しては過酷な選択を迫ってくる。これを許さない闘いを進めるために、社員で組織された企業内労働組合に対し、当ユニオンから協力の申し入れを行ってきた。しかし、そうした申し入れに対し、はっきりと「社員を守るためには契約社員や派遣労働者の雇用を守ることはできない」と発言する労働組合もあり、協力を得ることは容易ではない。そのため闘いは厳しいものにならざるを得ない。

(3)　派遣労働者

　リーマン・ショックの時の派遣労働者への扱いは、まさに「使い捨て」そのものであった。派遣先から仕事を打ち切られた派遣会社は、雇用契約期間の途中にもかかわらず労働者を解雇した。いわゆる「中途解約」である。また、そもそも雇用契約書も作成せず、社会労働保険に加入させずに働かせていた派遣会社も多く、さらには寮からも追い出され失業保険も得られない労働者は、まさに「路頭に迷う」状態に置かれた。2008年末から09年はじめ、そうした労働者救済のため全国各地で「派遣村」や生活保護取得のための活動が、全国のユニオンや市民団体によって取り組まれた。しかし、生活基盤を持たない外国人労働者の多くが母国への帰国を余儀なくされた。

　このこともあってその後、労働者派遣法が改正され、日雇い派遣の禁止、派遣期間の上限規制、派遣事業の全面許可制などが導入され、社会労働保険の加

入義務も強化された。

　今回の新型コロナ感染拡大はあらゆる職種の雇用問題を引き起こしている。雇用を打ち切られる派遣労働者、特に外国人労働者が多数相談に訪れている。しかし、リーマン・ショックの時のように突然問答無用で「中途解約」を通告されるようなケースは少なく、「次の契約を更新しないと言われた」「派遣先から派遣契約が打ち切られ他の派遣先を紹介された」という対応が多く見られる。そのため、大量の派遣労働者がユニオンを訪れて緊急団交を行うという場面は少ない。

　しかし、逆にその分、「雇用期間満了による雇止め」を盾に雇用の打ち切りを正当化する派遣会社が多い。改正派遣法では「派遣終了時の雇用安定措置」の努力義務を派遣元に課しているのだが、こちらはまるで考慮されていない。派遣会社との雇用契約が無期契約の場合はもちろん、有期契約であったとしても、新たな派遣先が見つからない間、休業手当を支払って雇用を継続すれば、雇用調整助成金の申請も可能なはずだ。

　しかし、多くの派遣会社はそうした努力を行わない。また、雇止めした労働者を寮から追い出す手法も相変わらず多発している。妊娠した女性労働者や病気やケガをした労働者が雇止めのターゲットにされている、と思われるケースも少なくない。派遣先企業にとっては「外部労働力」である派遣労働者を雇用の調整弁として考えていることは、12年前から何ら変わっていないのだ。

　当ユニオンには、そうした状況に置かれた外国人労働者からの相談が多数寄せられ、雇用継続に向けた交渉に取り組み、休業や他の派遣先への就労に取り組んでいる。また、日本人の派遣労働者からの相談もあるが、交渉にいたるケースは少ない。外国人と比べ、権利行使に対して消極的（諦めている）である、と思わざるをえない。

(4) パート（短時間）労働者

　パート労働者からの相談は、休業および休業補償に集中している。サービス業で働く労働者から学校休校に伴って会社を休まざるを得ないことについての権利と補償に関する相談、店舗の休業や業務量の減少に対し休業が求められている労働者からの相談などが寄せられている。交渉に至るケースは少ないが、

行政機関への相談や、「小学校休業等対応助成金」や「雇用調整助成金」の利用を会社に働きかけること、等のアドバイスを行っている。

4 地域共闘と労働行政への対応について

新型コロナがもたらした経済停滞は、リーマン・ショックや東日本大震災後の状況と比べても長期にわたることが予想される。コロナ後の「ニューノーマル」で安定した雇用関係が形成される保障はない。この間、AI技術の進展により一部の専門的能力を持った者以外は必要なくなると言われてきた状況が、コロナにより加速する可能性もある。

3月から増え続けてきた相談は、7月以降はその増加のペースは落ち着いたが、相談件数は高止まりしている。また、相談に来る業種も雇用形態もさまざまである。そのすべてに単独の労働組合として対応することには限界がある。

相談の急増に対し、コミュニティユニオン東海ネットワークに所属するユニオンのうち、愛知県で活動する団体（6ユニオン・3団体）が連絡を取り合うことを決め、4月18日、「東海ネットあいち連絡会」を当ユニオンで開催し、今後、行政に対する取り組みや、労働相談や交渉について意見交換をしていくことを決めた。

その最初の取り組みとして、5月1日愛知県労働局と愛知県に対し、「要請書」を提出し、それをもとに6月11日愛知労働局内で意見交換を行った。その内容は、「解雇・雇止め等の規制」「休業時の賃金補償・雇用調整助成金」「職場環境・防疫対策」「住宅確保」「多言語対応」など多岐にわたり一通りの回答をいただいた。しかし一つ一つの課題について、今後具体的な取り組みを踏まえて問題点を明らかにし、さらに改善を図っていくことが必要である。

各団体が抱えている労働問題や組織運営について意見交換を深めるとともに、悪質な企業に対する取り組みについて検討する必要も高まっている。今後も「あいち連絡会」を通じて愛知県下のユニオンの共闘関係を深めていきたいと考えている。

5 労働組合活動の制限や団体交渉権について

4月に緊急事態宣言が発出されて以降、裁判所や労働委員会が長期間開かれ

ない事態が続いた。組合活動を行う公共施設も部屋の貸し出しが一律停止になり、人が多数集まること自体が規制された。また、予定されていた企業との団体交渉も、人の移動・集まりの制限や施設利用ができないことを理由に、延期されることとなった。

しかし、その間も全国のユニオンは増大する労働相談に対応するために、一切休むことなく活動を続けた。全国一斉の労働相談も開催され、相談が掘り起こされた。東海ネットの仲間の「ユニオンみえ」は、生活に困窮した派遣労働者を対象に、公園を借りて相談や炊き出しを計画、行政からは中止を求められたが、感染に最大限注意して予定通り行い、多くの相談を受けることとなった。

当ユニオンも、会場が使えない期間は、公園などを使って、休業や雇止めを余儀なくされている外国人労働者の相談・打合せを行ってきた。

今回のような緊急事態に対しても、労働組合活動が制限を受けたり、企業の交渉拒否を正当化されることがあってはならない。労働者の立場がもっとも侵害される時だからだ。労働組合の正当な活動を保障し、企業の団体交渉拒否や組合活動への介入について早急に対応すべき労働委員会自体が、いたずらに活動延期をする姿勢に対しては、東海ネットとして改善を求めてきた。

これからもコロナをめぐる状況は終息が見通せず、今後も企業の対応が利益を優先し労働者の権利が軽んじることがないよう注視していく必要がある。厳しい労働環境の中、労働者が自らの権利、労働条件を守り抜く上で、労働組合活動がいかに重要であるかを今後さらに呼びかけていきたい。

〔浅野文秀〕

二　弁護士の経験

筆者（小島）が所属する日本労働弁護団は、日本で働くすべての労働者・労働組合の権利擁護を目的として活動する弁護士の団体であり、現在の会員数は約1,700名である。筆者は弁護士登録をした1984年4月から日本労働弁護団（当時の名称は総評弁護団）に加入し、その活動に加わってきた。

1　コロナ禍以前の経験

⑴　バブル崩壊後のリストラ解雇

　その年月の中では、経済状況の変化、雇用政策の変化等による様々な雇用問題が生じてきた。約35年の労働弁護士としての活動の中で、鮮烈に記憶しているのは、1992年から93年にかけて吹き荒れた、バブル崩壊後のリストラ解雇、退職勧奨の嵐である。

　一部上場企業をも含む多くの企業が、正社員を対象とした大規模な退職勧奨、指名解雇の方針を掲げ、人員削減に邁進していることが新聞に大きく取り上げられたのは1992年秋であったと記憶する。日本労働弁護団は、1993年2月に「雇用調整ホットライン」を全国で開催し、退職・解雇問題を抱える労働者の電話無料相談に応じた。筆者も神奈川県で電話相談に応じたが、その時のことは今でも鮮明に思い出す。

　とにかく受話器を置くことができない。置くと鳴るので。相談に応じた後、受話器を持ったまま相談票に結果を書き込み、一回深呼吸をしてから受話器を置くと「リーン」。夕方の相談者から「朝からかけ続けてようやく繋がった」と言われたこともあった。

　この時の相談は、相談者の3分の2が正社員、年代は3分の2が40代から50代、そして相談内容の3分の2が解雇・退職強要の相談であった。それなりの規模の企業と、正社員として労働契約を結び、真面目に仕事をしていれば、定年までは雇用が保証されるという、労働者の企業への信頼（期待）が、音を立てて崩れていくのを実感した。

　この後、日本労働弁護団では、労働組合からの相談に加えて、労働者の相談を直接受ける「ホットライン」活動が定着していった。また、裁判等においても、労働組合対使用者という「集団的労働事件」に加えて、労働者個人が使用者を訴える「個別労働事件」が広がっていった。

⑵　リーマン・ショックと「派遣切り」

　筆者は2007年から09年にかけて日本労働弁護団の幹事長を務めた。その最中の、08年11月から本格的に始まった金融危機（リーマン・ショック）を背景とする、自動車産業や電機産業に働く派遣労働者・有期契約労働者に対する解雇・

雇止めも強く印象に残る。

　この時には、対象業務の相次ぐ拡大に伴って約100万人にまで増えてきた派遣労働者や、期間の定めのある労働契約を結んでいた「契約社員」を対象とした解雇・雇止めが大量に発生した。日本労働弁護団が行った全国一斉ホットラインの結果を見ても、2008年6月7日のホットラインでは、相談606件のうち、解雇51件、退職勧奨30件と、両者を併せて相談総数の13％だったのが、同年12月7日のホットラインでは、相談400件のうち、解雇127件、退職勧奨27件、両者を併せて相談総数の38.5％と急増している。

　それらの問題は、解雇・雇止めと同時に借り上げ社宅をも追い出された労働者を受け入れた「年越し派遣村」とともに大きく報道され、派遣労働契約、有期労働契約などの不安定雇用が抱える問題点が、「派遣切り」という言葉と共に広く世間に認知された。

　日本労働弁護団も、個々の雇止め、解雇問題に対して団員が代理人として取り組むと共に、2008年11月の全国総会において「金融危機に便乗した安易な雇止め、解雇、内定取り消しや労働条件切り下げを許さない緊急アピール」を決議するなどした。

(3) コロナ禍の下での労働問題と比較して

　労働者の仕事ぶりには何ら落ち度がないにもかかわらず、ある日突然仕事を奪われるという問題は、上に触れたリストラ解雇や派遣切りのように、これまでも起きている。しかし、これらの問題は、ある意味、それまでの労働法の議論から見て全く未知の問題ではない。また、大きな経済状況の変化の中で生じているとはいえ、いずれは収束し、若干の変化はありつつも、従前の秩序に戻っていくであろうと予測できる問題でもあった。

　もちろん、「リストラ解雇」の後、派遣法の対象業務が拡大していき、労働契約法が制定され、個別労働事件が増え続け、その解決のために労働審判制度が導入されるなど、大きなスパンでは雇用を巡る法制度、紛争解決システム等は変化していくものではあるが、「この問題の前と後でガラッと変わった」という程のものではなかった。

　ところが、コロナ禍の下での雇用を巡っては、これまではほとんど考えられた

ことのない、あるいは解決を迫られたことのない問題がそれこそ同時多発的に発生し、これまでの枠組みの延長線上ではとても対処しきれない事態があちこちに生じている。コロナ禍の下での雇用問題に関し、日本労働弁護団が行ったホットラインの結果と、そこから見えてきた問題点、そして日本労働弁護団が行った取り組みについて簡単に紹介したい（執筆時点は2020年8月19日）。

2　コロナ禍の下での日本労働弁護団の取り組み

(1)　コロナ問題労働ホットラインの結果から

　日本労働弁護団は、2020年4月5日と7月12日、「全国一斉新型コロナウイルス労働問題ホットライン」を行い、4月5日には417件、7月12日には90件の相談が寄せられた。例年行っている相談と比較したとき、これらの相談で特徴的なのは、賃金不払、休業・休暇に関する相談割合の高さである。

　日本労働弁護団の2018年度常設ホットラインでは、賃金不払の相談は2,347件中237件（10％）であるのが、4月ホットラインでは417件中83件（20％）と、倍の割合になっている。7月相談では90件中37件（41％）と、さらに倍増している。コロナ禍による事業縮小の影響が深刻化していることを表すものであろうか。

　休業・休暇に関する相談も、2018年度の常設ホットラインでは2,347件中81件（3.5％）であるのが、4月ホットラインでは417件中76件（18％）と、割合にして約5倍もの高率になっている。それが7月ホットラインでは90件中37件（41％）と、さらに倍増している。政府による休業要請を理由とする休業や、感染を懸念しての労働者の休職希望など、これまで想定されてこなかった問題が複雑に絡み合っていること、コロナ禍による事業縮小の深刻化等がこの相談数に表れているように思われる。

　労働条件変更の相談も4月ホットラインでは21件（5％）寄せられた。2018年度常設ホットラインの「労働条件の切り下げ」項目が77件（3.3％）であるのに比較して高くなっている。これも、感染防止のための勤務形態の変更に伴うしわ寄せが労働者に押しつけられていることを窺わせる結果である。ただし、7月ホットラインでは2件（2％）と例年に比較しても少ない。コロナ禍による事業縮小、休業等の問題が収束しているとは思えないので、これについては

更なる検証が必要であろう。

　4月ホットラインでは、採用内定取消しの相談も12件（2.9％）寄せられた。2018年度常設ホットラインでは1年を通じての相談件数が30件であるので、顕著に多いとは言い難いが、広告代理店に内定していた労働者からの「入社1週間前に『案件がない』と言われ、入社日を遅らせると連絡が来た」などの相談が寄せられている。

　コロナ禍における労働問題ホットラインの顕著な特徴の一つは、業務委託など、労働契約以外の契約形態で働いている人からの相談が多かったことである。4月ホットラインでは、委託・フリーランス・個人事業主などの、雇用類似の働き方をしている人の相談が41件（9.8％）に上った。2018年度常設ホットラインの相談者データでは、これらの方が含まれるであろう「雇用形態」の「その他」が117件（5％）であるので、割合にして倍となっている。その相談内容も、「会社との業務委託契約でダンスのインストラクターをしているが、コロナでダンスレッスンが開けず、収入がなくなった」「業務委託でインストラクターをしているが、週33時間のシフトがコロナで19時間になり収入が半減した」「フリーランスでピアノ講師をしていたが、稽古先が2カ所ともコロナで休業になった」など、深刻なものが多い。

　加えて、パート・アルバイト、契約社員、派遣社員からの相談も常設ホットラインに比べると多かった。パート・アルバイト、契約社員、派遣社員から2018年度常設ホットラインに寄せられた相談件数は合計686件（29％）であるのに対して、4月ホットラインにパート・アルバイト、契約社員、派遣社員から寄せられた相談は合計161件、全体の38.6％を占めた。すなわち約10％の増加である。これも、業務委託、フリーランス等の方々と同じく、労働法の保護が弱い人たちに被害がより強く及んでいることを表していると言える。

　コロナ労働問題に関するホットラインの顕著な特徴のもう一つは、職場の安全（感染防止）に関わる相談である。コールセンターで働く派遣社員からの「社内で咳をしていてもマスクをしない人がおり、他人との距離も近く、換気も悪い。会社がなにも対策しないので2、3日会社了解の元に休んだが、このままでは解雇と言われた」との相談や、「在宅勤務をしたいが、会社が認めてくれない」「会社には、マスク外したり、発熱していても出社する人もいる。

対策を求めたがなにもしてくれない。怖くて欠勤していたが、出社せよと命令されている」という相談など、感染予防措置、安全配慮義務の履行を求める相談が寄せられている。これまでの「会社に戻せ」「働かせろ」という相談に加えて、「安全を配慮しろ。それをしないなら休ませろ」という相談が寄せられたのも大きな特徴と言える。

　新型コロナウイルス労働問題の相談については、HP（http://roudou-bengodan.org/covid_19/）を参照されたい。

(2)　日本労働弁護団の取り組み

　日本労働弁護団では、既に述べたホットライン以外にも、コロナ禍の下での労働問題に対処すべく、様々な取り組みを行った。しかし、そこにも、「コロナの感染拡大防止」という新たな壁が立ち塞がった。

　それは、例えば、政府の休業要請や緊急事態宣言を受けての使用者の休業を、労働法上どのように位置づけ、評価するかという問題でもあるし、労働者からの安全配慮の要求を休業等と絡めてどう評価するという問題でもある。また、権利擁護や権利救済の方法に関して、従来の「一カ所に集まっての長時間の会議」「一同に大勢が会しての集会や学習会」「沢山の人が歩くデモやパレード」等の手段が取れない中で、日本労働弁護団からの情報やアドバイスをどのようにして届けるかという問題でもあった。

　その中で、日本労働弁護団が試行錯誤しながら行ってきたのは次のようなことである。

　①　各種Ｑ＆Ａの発行

「新型コロナ労働問題Ｑ＆Ａ」ver 1、ver 2、ver 3、「コロナＱ＆Ａ外国語版（7ヵ国語）」、「コロナ労働問題Ｑ＆Ａ労働組合向け」、「医療従事者のための新型コロナ労災Ｑ＆Ａ」をそれぞれ作成し、ホームページにアップした。

　②　webを活用した学習会・集会等の開催

　4月7日、労働組合等に呼びかけて「新型コロナウイルス労働問題対策連絡会議」をZOOM会議で行い、約30団体、約80名が参加した。

　5月6日（休業補償）、同19日（安全衛生）、6月2日（解雇・雇止め）と、コロナ労働問題連続学習会をオンラインで行い、それぞれ322人、222人、116人と

多数の参加を得た。

　5月21日、「労働審判等の早期再開を求める集会」を ZOOM ウエビナーで行い、190人の参加を得た。

　③　各種声明等の発出

　日本労働弁護団は、3月11日「新型コロナウイルスに関する労働問題についての緊急声明」、4月20日「『緊急事態宣言』期間中における労基法26条に基づく休業手当の支払及び事業者に対する適切な補償を求める緊急声明」、5月15日「妊娠中の労働者を新型コロナ感染症の感染から護ることを求める幹事長声明」、6月4日「新型コロナ感染症の感染拡大下における労災手続に関する幹事長声明」など、その時々の課題に応じた声明等を発出してきた。声明は、http://roudou-bengodan.org/proposal/ で見られる。

3　コメント

　コロナ禍の下での雇用問題は、これまでの経験では処方箋がないような問題をも含む、広範かつ深刻な問題である。そして、それらに関する取り組みは今まさに始まったばかりである。しかし、労働が、人が生きていくことを支えているものである以上、コロナ禍の下であろうとも、いわゆる「アフターコロナ」の世の中になろうとも、人間らしく生きていけるための労働関係の構築に向けて、今後も工夫と努力を重ねていかなければならない。

〔小島周一〕

コラム

営業「自粛」と憲法

1　感染拡大防止対策としての「自粛」要請

　新型コロナウィルスの感染者数が再び増加しているイギリスで、ボリス・ジョンソン首相は2020年9月19日の夜、コロナ検査で陽性だった人や国民保健サービス（NHS）の追跡システムにより感染者と接触があったとされる人に対し

て14日間の自主隔離を義務付け、違反者に対して最高1万ポンドの罰金を科す厳格な規制を導入することを発表した。この新たな規制が、「アメとムチ（carrot and stick）」プランと呼ばれるのは、自主隔離中に所得を失う人々（在宅勤務ができない人々）に対して「stay home 補償」として、特別に500ポンドの支援を行うからである（The Guardian, 20 Sep. 2020）。

　コロナ禍への対応として、外出制限など市民の自由を厳しく制約する「都市封鎖＝ロックダウン」を実施した国も少なくない。そのような国々と比べて、日本のコロナ対策の特徴は、営業の自由や移動の自由を法的に規制するのではなく、「要請」という名の下で「自粛」を求めた点にある。改正新型インフルエンザ特別措置法（以下、「特措法」と略す）自体が緊急事態宣言の下での外出制限や、学校・社会福祉施設・劇場等の「多数の者が利用する施設」の使用の制限・禁止を「要請・指示」のレベルに止めており、違反者に対する罰則はない（同法45条）。朝日新聞が都道府県知事に行ったアンケートでは、特措法の改正が必要と答えたのが34人で、具体的な改正内容（複数回答可）について、第1位は「休業要請・指示に対する補償措置」（26人）、第2位は「要請・指示に応じない場合の罰則規定」（25人）だった（朝日新聞6月22日朝刊）。

　安倍晋三政権の下でコロナ対策を担当した西村康稔経済再生担当大臣は、朝日新聞とのインタビューにおいて、罰則規定について「十分ありうる」としながらも、「休業要請や指示に従わなかった店舗などで感染が拡大したことを示す『立法事実』がないと法改正は難しい」、「私権の制限につながるので慎重に見極めたい」と語った。表現の自由（特に集会の自由）等の精神的自由が問題になる場合と比べて、相当に慎重な態度であるといえそうである。また、補償規定については、「どの部分を損失とみて補償していくのか、法律上非常に難しい」と否定的な認識を示した（朝日新聞7月8日朝刊）。

2　補償なければ禁止なし？

　感染拡大防止という「全体の利益」のため、店の営業やイベントの開催をやめた人に対しては、その損失に見合った補償がなされるべきではないのか。コロナ禍の下で改めて痛感させられた日本社会の同調圧力の高さを思えば、「自発的な協力だから損失補償は不要」とは簡単には言えないのではないか。私も[1]

基本的には、これらの議論に賛成であるが、「補償なき自粛は、憲法が保障する損失補償請求権の蹂躙といわなければならない」（村田尚紀）と断ずることができるのかについては若干の疑問を感じている。以下では、論点を明確化するため、「自粛」ではなく「禁止」との関係で、この問題を考えてみたい。

損失補償制度とは、「適法な権力の行使によって生じた損失を個人の負担とせず、平等原則によって国民の一般的な負担に転嫁させることを目的とする制度である[2]」。ならば、感染拡大防止という「全体の利益」のための適法な営業禁止措置によって、特定の個人に損失が生じたのであれば、補償をすべきという結論になるのだろうか（以下、この考え方を「補償なければ禁止なし」という標語で示す）。

新聞紙上の対談において長谷部恭男（憲法学）は、感染拡大防止のためには「補償とセットで、休業を『お願い』するしかないのでは」という杉田敦（政治学）からの問いかけに対して、「冷たいようですが、憲法上は補償の必要はありません」と答えている。長谷部は続けて、罰則で営業禁止にすることも合憲になりうるとした上で、「もちろん現に行われているように、政策的判断として様々な給付金を出すことはあり得ます」と述べる。長谷部の立場は、本人も認めるとおり、「冷たい」印象を与えるが、私も基本的には同意見である。紙幅の関係で立ち入ることはできないが、財産権と比べて営業の自由が問題となる場合、損失補償の必要性（と「相当な補償」の内容）を判定することは容易ではないからだ。ただし、ここで議論したいのは、「補償なければ禁止なし」という人権論を通用させた場合に生じうる問題である。

イギリス政府は当初、他のヨーロッパ諸国と比べて、ロックダウン等の厳しい規制には消極的であったため、「ロックダウンを1週間早く始めていたら、死者数は半分に減らせた」と批判されている（朝日新聞8月7日朝刊）。一方、モナコ在住の億万長者（Simon Dolan）は、イギリス政府のロックダウンは違法であるとして裁判を起こし、その主張を広げるべく政治運動（Keep Britain Free）を展開している。このような裁判を起こすこと自体は認められて当然であるが、彼の政治運動は、感染拡大防止対策の緩和を求めるトランプ派の運動

1）たとえば、参考文献に挙げた青井未帆と村田尚紀の議論を参照。
2）芦部信喜（高橋和之補訂）『憲法〔第7版〕』（岩波書店、2019年）249頁。

と同様のものとして受け止められている（The Guardian, 1 May 2020）。ともあれ、億万長者が感染拡大防止対策を理由とする営業禁止措置によって損失を被った場合、「相当な補償」が必要なのだろうか。[3]

　ある政府の感染拡大防止対策によって生じた投資上の損失を ISDS 条項に基[4]づいて回収しようとする動きが、とりわけ発展途上国における感染拡大防止対策に対する「萎縮効果」をもたらす危険性があるとして、世界90か国の600以上の市民団体（Oxfam 等）が公開書簡の中で警鐘を鳴らした。ISDS 条項に基づく仲裁は大手法律事務所にとってビジネス・チャンスなので、イギリスもターゲットにされる可能性があると記事は報じている（The Guardian, 15 Aug 2020）。

　これらの問題は直接、日本国憲法の損失補償請求権の解釈論に関わるものではないことは承知しているが、「補償なければ禁止なし」という考え方を、営業の自由との関係で通用させることの当否を考えるための素材にはなろう。

3　「自由」の意味を問い直す

　特措法が罰則を設けていない理由について、高見勝利は「感染症がもたらす害悪に比例して必要最小限度しか人権への規制をかけられないよう配慮されており、慎重に作られた法律だ」と述べている（朝日新聞5月3日朝刊）。この発言を引用した記事の小見出し「罰則なき特措法　人権に配慮」は間違いであるとはいえないが、「日本国憲法は手厚く人権保障をしているから、十分なコロナ対策ができない」という「誤読」（意図的なものを含む）の原因となる危険性がある。この「誤読」は、緊急事態条項のための憲法改正の正当化に役立つことにも注意を促したい。杉田との対談において長谷部は、「三密」のような感染リスクが明らかに高い店に対して、「営業を禁止し、違反者に罰則を科しても憲法上は問題ありません」と述べている。高見もたぶん、営業禁止をすべき立法事実があり、違反者を処罰しても比例原則に違反しない事態であれば、憲法違反とはいわないはずだ。

3）ただし、Dolan はロックダウンの違法性を裁判所に認めさせることを目的としており、損失補償を求めているわけではない。なお、彼の政治運動のホームページ（https://www.keepbritainfree.com/）を見ると、Dolan が後述する「リバタリアン的な権利」の信奉者であることがわかる。

4）investor state dispute settlement clauses. 投資家が投資先の国家の政策により損害を受けた場合、第三者の仲裁機関に付託できる規定のこと。

　どんな憲法の教科書にも書かれていることだが、信仰の自由など個人の内心にとどまる自由は別として、他者との関係をもつ場合には、「優越的地位」にあるとされる表現の自由でさえ法的規制の対象になるし、罰則を伴う禁止も許される。この自明の事柄を改めて強調する必要があるのは、本心では経済への影響を懸念して罰則規定の新設に消極的な政治家が、「国民の生命より経済を優先するのか」という批判を回避するため、「人権への配慮」を理由として自らの判断を正当化しがちであるからだ。

　コロナ対策との関係で人権の制約可能性を真剣に受け止めることは、「自由」に関する私たちの考え方を再考する機会にもなる。アメリカでは、民主党のミシガン州知事（Gretchen Whitmer）の下でのロックダウンに抗議する人々が州立法府の建物に立ち入った。一部の者は銃器を携えており、民主党議員の中には防弾チョッキを身に着けた者もいた（The Guardian, 30 Apr 2020）。大統領選に向けたトランプ派の集会では、「支持者の多くはマスクを着けず、肩が触れ合う距離で大歓声を挙げていた」（朝日新聞9月13日朝刊）。マスク着用義務に反対して街頭で拡声器を使って叫んでいた夫婦は、「我々は、政府の奴隷ではない」と訴える（朝日新聞8月10日）。

　もちろん、トランプ派の集会の自由も、マスク着用に反対する表現の自由も、緊急事態における感染拡大防止対策を理由として、安易に制約してよいものではない。たとえば、ロシアでは、プーチンが次期大統領選への出馬を可能にするための憲法改正国民投票に先立ち、コロナ対策を理由として、改憲反対派の抗議デモや集会が厳しく禁止された（朝日新聞6月25日）。中国がコロナ対策を理由として、香港の立法会選挙を1年延期したことは周知のとおりである。緊急事態を理由とする厳しい人権制約を安易に許したら、トランプ大統領はたぶん、「黒人の命も大切（Black Lives Matter）」運動のほうを禁止しただろう。

　イギリスの公法学者 Christopher McCrudden は、コロナ禍の下での抗議運動の高まりと方法の多様化に注目しつつ、①香港やハンガリーにおける権威主義体制に対する抗議運動と、②トランプ派の非科学的でポピュリズム的な抗議運動を、人権論の観点から区別できるのかを問う。区別は容易ではないとした上で、彼は、②の主張する自由が「パブに行くのは俺たちの勝手だ。政府は干渉するな」という「リバタリアン的な権利」であることに注目する。そして、

コロナ危機への対応の当否を議論する場合、人権論はニュアンスに富んだ論争提起的なものとならざるをえず、コロナ禍の下での抗議活動の自由をリバタリアン的な権利に基礎付けたら、人権プロジェクトの正統性は危機に瀕し、人権派に対する懐疑主義がますます広がると警鐘を鳴らす。McCruddenが強調するのは、表現の自由の価値に関する既存の議論を援用して満足するのではなく、コロナ禍の下で「なぜ集会の自由か？」という問題を人権の基礎付けまでさかのぼって深く考えることの必要性である。私がここで人権の制約可能性を強調したのも、あるいは、前節で損失補償に関する「冷たい」意見に賛成したのも、McCruddenと問題意識を共有するからである。[5]

4　営業「自粛」と損失補償

　憲法25条1項に基づき、単なる政策的判断としてではなく、補償を認めるべきと迫る杉田に対して、長谷部は、「きちんと給付しろと政治的プレッシャーをかけ、政策として要求するしかありません。そして、最後のセーフティーネットは生活保護です」と答えている。しかし、憲法25条は「健康で文化的な最小限度の生活を営む権利」（1項）を保障しているだけではなく、すべての生活部面における社会福祉・社会保障・公衆衛生の向上・増進を国の努力義務としている（2項）。そして、最高裁も認めるとおり、職業は単なる生計維持のための手段ではなく、分業社会において社会の存続・発展に寄与する活動であり、個人の人格的価値とも不可分の関連を有するのだから（薬事法違憲判決・最大判1975・4・30民集29巻4号572頁）、営業の継続を可能にするための施策の必要性を、単なる政策問題としてではなく、憲法論のレベルで議論していく必要性もあるのではないか。

　もちろん、このような憲法論は、憲法訴訟の場面で期待される一義的な憲法解釈を導き出すものではないだろう。だからこそ、青井未帆による次の指摘は重要である。「共同体全体のために一部の人が被った被害に対して、共同体全体としてどう向き合うべきなのか。政府はそのための適切な行動を取ってきた

5）緊急事態の下で「国家からの自由」の重要性を語り続けることは大切であるが、コロナ禍の下で明らかになったのは、「国家からの自由」の主張が国家権力と「癒着」し、理性的な討議や科学的な政策形成を阻害する危険性であった。コロナ禍は、私たちの自由観を問い直す機会でもある。

か。公正な社会を目指そうという観点からの議論が広がればいいと思います」。

　私が期待しているのは、そのような議論の広がりの中で、憲法論が果たしうる役割である。

【参考文献】

青井未帆「『皆のため犠牲』は公正か」朝日新聞6月19日朝刊

長谷部恭男・杉田敦「コロナ対策　『罰則』と『自由』と」朝日新聞7月26日朝刊

村上陽一郎編『コロナ後の世界を生きる』（岩波新書、2020年）

村田尚紀「COVID-19危機における人権」日本の科学者2020年7月号

Christopher McCrudden, "Democracy, Protests, and Covid-19", U.K. Const. L. Blog（19th June 2020）

＊このコラムでは、The Guardian紙の電子版を参照した。また、2020年発行の日本の新聞を引用する際、西暦は省略した。

〔愛敬浩二〕

第2章

解雇、雇止め、派遣切りと労働法

はじめに

　コロナ禍による経済活動の停止や停滞は、多くの企業にとって収益悪化をもたらす。企業収益の悪化は、企業にとって固定費となる人件費を減らそうとする動機になり、企業が採用抑制、解雇、雇止め、派遣切りなどを行う原因になる。

　総務省統計局「労働力調査」によれば、日本の完全失業率は、2017年から19年にかけて2.4%〜2.8%で推移していたところ、コロナ禍が顕在化した後の2020年4月から9月にかけても、2.6%から3.0%で推移しており、失業率の数値自体は大幅には悪化していない。しかし、この数値は、コロナ禍にともなう雇用の悪化がなかったことを意味するものとはいえない。なぜなら、コロナ禍の下で、求職活動がままならない人が増え、また就業者総数が減少しているからである。失業率は、求職者のうち就職できていない人の割合を示す数値なので、実際には失職していても、労働力調査の調査期間中（月末1週間）に、ハローワーク等で求職活動をしていない人は、完全失業者に数えられない。

　実際には、2020年4月の段階でも完全失業率の数値は大幅に悪化していない一方で、「休業者」は激増している。労働力調査によれば、休業者は、2020年1月は194万人、2月は196万人だったところが、3月には249万人となり、さらに4月には597万人と、1〜2月の3倍となっている（詳しくは第3章、とりわけ図表3-1も参照）。

　また、序章でも見たように（図表0-1、図表0-2を参照）、就業者人口は、2020年3月までは前年同期に比べ増えていたものが、4月は前年同期比でいずれも

32

減少となっている。特に、非正規雇用労働者に限れば、7月は前年同月比131万人減の大幅減少となっている。

　これらの数字からは、失業率がそれほど上がっていなくとも、4月から5月の緊急事態宣言による休業期を経て、特に非正規雇用労働者を中心に大量の離職者が生じ、そのうちの相当数が、求職活動もままならない、あるいは求職活動を諦めたことによって、労働力人口から除外された状況になっていることが推察できる。

　他方、正規雇用労働者については、2020年6月および7月の労働力調査では就労者数はむしろ増えており、コロナ禍においても比較的雇用は維持されているといえる。もっとも、実際の労働相談においては、正規雇用においても、「コロナ便乗解雇」ともいうべき解雇事案が生じていることが報告されている[1]。厚生労働省が2020年11月20日現在の集計分として発表した「新型コロナウイルス感染症に起因する雇用への影響に関する情報について」では、都道府県労働局の聞き取りや公共職業安定所に寄せられた相談・報告等を基に把握した数字で、新型コロナウイルスに係る雇用調整の可能性がある事業所数は11万6,602事業所あり、解雇等見込み労働者数は7万3,111人とされる。この報告では、2020年5月25日以降につき、解雇等見込み労働者のうちの、非正規雇用労働者の数も集計されている。その集計が反映された後の2020年6月5日集計分から同年11月20日集計分を通算すると、解雇等見込み労働者数は5万6,388人、そのうち非正規雇用労働者の数は3万2,878人となり、約58.3％が非正規雇用労働者となる。もっとも、2020年9月25日集計分から2か月は、解雇等見込み労働者数自体が従前に比べ少なくなっており、同日集計分から同年11月20日集計分までのみで通算すると、解雇等見込み労働者数は1万3,438人、そのうち非正規雇用労働者の数は6,148人となり、その割合は約45.75％に低下している。これらの数字からは、コロナ禍による人員整理は非正規雇用労働者に対し先行して行われ、2020年秋には解雇等の数は一時に比べ落ち着いたものの、コロナ禍が長引けば、次は正規雇用の人員整理も深刻化しかねないことを示唆する。

　第2章では、整理解雇、雇止め、派遣切りに対し、労働法はどのような考え

1）北健一「コロナ便乗解雇か、『美々卯』一斉閉店の深層」2020年6月26日ダイヤモンド・オンライン掲載。https://diamond.jp/articles/-/241427

をとっているのかを概観した上で、コロナ禍における人員整理をどう考えるべきなのかを論ずる。

一　コロナ禍と整理解雇

1　解雇権濫用法理と解雇の類型

　労働契約法（労契法）16条は、「解雇は、客観的に合理的な理由を欠き、社会通念上相当であると認められない場合は、その権利を濫用したものとして、無効とする」と定める。いわゆる、解雇権濫用法理と呼ばれる考え方であり、判例法理として形成されてきた考え方が明文化されたものである。解雇権濫用法理は、①継続的な労働契約に基づく賃金で生計を立てる労働者にとって、解雇の脅威は、労働者に経済的不利益を生じさせるのみならず、解雇をおそれる労働者の人格的従属を強めてしまうことから、解雇を制限することによる労働者保護の必要性があること、②解雇の脅威から労働者を保護することが労働条件の対等決定原則の基盤となること、③使用者の一方的な意思表示によって行われる解雇権の行使は、解雇制限法理を受けてはじめて権利としての正当性を付与されるものといえることなどから、正当性の根拠が導かれている。

　解雇権濫用法理にいう解雇の「客観的に合理的な理由」は、労働者側にその理由がある場合と使用者側にある場合に大別できるが、整理解雇は、労働者側の問題ではなく、もっぱら使用者側の経営上の問題を理由に行われる点に特徴がある。

2　整理解雇はどのような場合に許されるのか

　経営上の困難に陥った企業が一定数の労働者を解雇することが最終的に避けられないとしても、責任のない労働者に甚だしい犠牲を強いるものであり、可能な限り避けられなければならないと解されている。その考え方は、戦後間も

2 ）日本食塩製造事件・最二小昭和50年 4 月25日判決・民集29巻 4 号456頁、高知放送事件・最二小昭和52年 1 月31日判決・集民120号23頁等。
3 ）根本到「解雇制限法理の法的正当性（上）」労旬1540号（2002年）36頁以下、米津孝司「解雇法理に関する基礎的考察」西谷敏・根本到騙『労働契約と法』（旬報社、2011年）263頁以下、土田道夫『労働契約法〔第 2 版〕』（有斐閣、2016年）661頁等。

ないころの裁判例からも明らかにされてきた。

　すなわち、1950年の杵島炭鉱大鶴鉱業所事件判決[5]は、「使用者が人員整理をするについて、失業を避けるためにあらゆる努力を払うべきであって、之が為には自発的退職者の募集……作業方式の科学化等に手段をつくした上で之を為すべく、又、会社の経営状態の内容を示して、整理の必然性につき組合を十分に納得させ、整理方法についても組合と協議をした上で為すべきことは、労働協約の失効の有無を問わず、信義誠実の原則からも当然のことといわねばならない」と判示している。また1951年の中外製薬事件決定[6]は、「現下の情勢においては、労働者は一般に雇用されて得る収入をもって、殆んど唯一の生活資金としており、一旦解雇されると、容易にその職につくことができなくて、解雇により容易に生活をおびやかされるに反し、使用者は労働者を求めるに比較的容易である等の事情を考慮するときは、解雇に相当の事由のない限り、解雇権の濫用となされる場合の多いことは多言を要しないところである」と判示している。

　やがて判例理論は、人員整理の事案が相次ぐ中で、人員整理ないし解雇そのものの必要性を分析検討することから、一般的な解雇権濫用法理の中における、整理解雇事案特有の制約法理を探究するようになった。そのような裁判例の集積を踏まえて、「整理解雇の四要件」と呼ばれる整理解雇制限法理が形成されるようになった。

　すなわち、大村野上事件判決[7]は、整理解雇事案の裁判例の蓄積と理論の発展をふまえて、整理解雇が労働者の責に帰すべからざる理由によって「労働者およびその家族の生活を根底から破壊」するものであるから、「解雇権の場合にはその特質に鑑み、他の権利よりもなお一層信義誠実の原則に従ってこれを行使することが要請される訳である」と述べた上で、第一に、当該解雇を行わなければ企業の維持存続が危殆に瀕する程度にさし迫った必要性があること（人員削減の必要性）、第二に、従業員の配置転換や一時帰休制あるいは希望退職者

4）西谷敏『労働法〔第3版〕』（日本評論社、2020年）465頁、菅野和夫『労働法〔第12版〕』（弘文堂、2019年）793頁、水町勇一郎『詳解労働法』（東京大学出版会、2019年）942頁。
5）佐賀地裁昭和25年5月30日判決・労民集1巻3号423頁。
6）東京地裁昭和26年8月8日判決・民集14巻6号913頁。
7）長崎地裁大村支部昭和50年12月14日判決・判時813号98頁。

の募集等、労働者にとって解雇よりもより苦痛の少ない方策によって余剰労働
力を吸収する努力がなされたこと（解雇回避努力の履行）、第三に、労働組合な
いし労働者（代表）に対し事態を説明して了解を求め、人員整理の時期、規模、
方法等について労働者側の納得が得られるよう努力したこと（手続の妥当性）、
第四に、整理基準およびそれに基づく人選の仕方が客観的・合理的なものであ
ること（人選基準の合理性）を要件として挙げ、これらをすべて満たすか否かに
より、当該整理解雇が権利濫用となるか否かを判断すべきであるとした。[8]

　大村野上事件判決が定式化した整理解雇の四要件は、労働者の側にまったく
非がない企業の都合のみによる整理解雇が、それでもやむなしと認められるに
は、どのような手順を踏むことが信義則から要請されるのか、という考察の結
果といえる。もし企業の経営分析の結果、人員削減の必要性が明らかになった
としても、その必要性のみをもってなんら落ち度のない労働者の解雇を正当化
することはできず、その解雇を回避する努力が企業の側に要請され、対策の検
討を労働組合や労働者の代表との間の協議で行い、経営基盤を建て直す作業を
尽くさなければならない。そして、それらの努力をもってしても、余剰となっ
た人員を雇用し続けることが困難という状況に至って、ようやく整理解雇やむ
なしという判断を正当化できる局面となり、次のプロセスとして、合理的人選
を行って現実の最終的な整理解雇（指名解雇）に至ることになる。人員削減の
必要性については、必ずしも企業が債務超過だったり赤字が続いていたりして
いなければ認められないものではなく、黒字であっても経営上の戦略的判断に
より必要性が認めうる場合があるとする見解や裁判例[9]もあるが[10]、その場合はな
おさら、解雇回避努力の履行が厳格に求められることになる。[11]

　この整理解雇の四要件の考え方は、その後多くの裁判例に踏襲されたが[12]、そ

8）前掲注7）大村野上事件判決は、手続の妥当性にあたる部分を第三、人選基準の合理性を第四に挙
　げているが、これに続く裁判例の蓄積の中で、人選基準の合理性を第三要件、手続の妥当性を第四
　要件とする整理が一般的になっている。
9）土田・前掲注3）書694頁。
10）ナショナル・ウエスト・ミンスター銀行（第3次仮処分）事件・東京地裁平成12年1月21日判
　決・労判782号23頁等。
11）土田・前掲注3）書694頁以下、菅野・前掲注4）書796頁。
12）代表的な例として、東洋酸素事件・東京高裁昭和54年10月29日判決・労民集30巻5号1002頁、千
　代田化工事件・東京高裁平成5年3月31日判決・労判629号19頁等。

36

の後、この四要件は、一つでも欠けたら解雇が無効となる「要件」ではなく、解雇の有効性を総合判断するための「四要素」であると表現するのが裁判例の趨勢となっている。もっとも、四要素のうちいずれかの要素が欠けても解雇が有効であると判断する裁判例は例外的であり、四要件説と四要素説で結論に大差があるわけではない[13]。

　学説では、整理解雇法理に「比例原則」に基づく手段と目的の衡量の観点を取り入れるべきとする見解[14]や、人員整理にかかわる「必要性」は、人件費削減の必要性、人員削減の必要性、解雇の必要性の三段階に区別できるのであり、それぞれの段階に応じた、人件費削減を回避する努力、人員削減を回避する努力、解雇を回避する努力が尽くされたか否かが検討されなければならないとする見解[15]がある。これらの観点から、より精緻に整理解雇の正当性を分析する手法は、妥当といえる。

3　コロナ禍と整理解雇

(1)　整理解雇と雇用調整助成金

　整理解雇法理の確立と蓄積により、コロナ禍における人員整理としての整理解雇においても、当然に整理解雇の四要件（四要素）の考え方が適用されることになる。

　この四要件（四要素）のうち、第一要件となる人員削減の必要性については、コロナ禍による経済活動の停止や停滞により収益が悪化し、債務超過となったり、将来的に経営が立ち行かなくなることが合理的に推測できる状況になったりして、人件費を削減する必要が認められるといえれば、要件は充たされるといえそうだが、必ずしもそうとはいえない。コロナ禍と整理解雇との関係において、非常に重要な考慮要素となるのは、雇用調整助成金の存在である。

　雇用調整助成金とは、雇用保険法等に基づき、使用者が休業や操業を短縮し、労働者に休業手当を支払ったり、教育訓練または出向を行い、労働者の雇用の

13）西谷・前掲注４）書465頁以下、菅野・前掲注４）書797頁以下、土田・前掲注３）書691頁以下。
14）根本到「解雇制限法理の法的正当性（下）」労旬1541号（2002年）47頁以下、米津・前掲注３）論文274頁以下。
15）西谷・前掲注４）書470頁以下。

維持を図った場合に、休業手当（労基法26条）や賃金等の一部を助成する制度である（詳細は第3章参照）。今回のコロナ禍の下においては、2020年1月24日以降に開始された休業等を対象に、雇用調整助成金制度に「新型コロナウイルス感染症の影響に伴う特例」が設けられている（2020年2月14日厚労省発表）。この特例については、対象期間、対象事業者、日額上限、助成率の拡大が繰り返し行われ、また手続の簡素化も進められている。具体的には、もともとは労働者1人あたりの助成金日額上限が8,330円で、かつ休業手当や賃金等の一部につき助成する制度であったところ、特例では、日額上限は1万5,000円まで引き上げられ、企業規模や事業主が雇用を維持したか否かに応じ、助成率も最大100％にまで引き上げられている。さらに2020年11月27日厚労省発表では、対象期間も、2021年2月28日まで延長されている。

　そうすると、コロナ禍によって一時的に休業や事業縮小を余儀なくされたとしても、その間の休業手当や賃金については、雇用調整助成金で大部分がまかなえることになり、第一要件である人員削減の必要性との関係では、少なくとも人件費削減の必要性は生じないことになる。また、第二要件の解雇回避努力も、雇用調整助成金の申請が可能な状況にあったにもかかわらず、その申請を行わずに整理解雇に踏み切ることは、解雇回避努力の履行がなされていないものと評価されることになる。さらに、第四要件の手続の妥当性との関係でも、使用者は整理解雇に踏み切る前に、雇用調整助成金の申請と併せて休業を行うことなどについて労使協議を行うべきことになる。

　これらの点から、少なくとも上記特例措置が維持されている期間においては、雇用調整助成金の申請やその検討の事実がない整理解雇では、整理解雇の四要件がみたされることはほとんどないと考えられる。コロナ禍における整理解雇が有効と判断される場合は、雇用調整助成金の申請を行ったが、それでも焼け石に水の状態であったような場合などに限定されるといえる。

　この点、コロナ禍のために、東京地裁をはじめ、裁判所の手続も停止したり遅滞したりという状況が続いているため、本章執筆時点では、上記の点について判断した裁判例の数は蓄積されていない。2020年8月に入り、裁判例が出始めていることは報道されている。

（2）裁判例

　コロナ禍による業績悪化を理由に運転手を解雇したタクシー会社を相手方として、地位保全や賃金仮払を求める仮処分が申し立てられた事案であるセンバ流通事件決定[16]では、コロナ禍により2020年4月に利用客が著しく減少したことにより会社の売り上げも激減し、単月で1,400万円以上の支出超過となったことや、同月時点で3,000万円を超える債務超過となっていたことを事実認定しつつも、会社に最大の貸し付けを行っている債権者は初代代表取締役個人および初代代表取締役が経営する別会社であり、かつ初代代表取締役は形式的には会社の役職から外れていても事実上経営に関与しており、それゆえにそれらの貸し付けは即時全額の支払の必要性があるものといえず、債務超過は額面ほど大きいとはいえないと述べ、人件費については、運転手を休業させ雇用調整助成金を申請すればその大半が補填されることが確実であったとし、さらにその他経費削減を行う余裕があったと認定して、「人員削減の必要性は、直ちに整理解雇を行わなければ倒産が必至であるほどに緊急かつ高度の必要性であったことの疎明があるとはいえない」と判示した。また、雇用調整助成金の申請や臨時休車措置をとっていないことから、解雇回避措置も不十分であるとし、また人員選択の合理性も手続の相当性も低いとして、整理解雇は無効であると判示した。

　この裁判例は、整理解雇法理の考え方をコロナ禍における社会政策に照らしてみた場合の帰結に忠実なものといえる。今後、コロナ禍を理由とする整理解雇事案については、この裁判例による、雇用調整助成金の特例に対する考え方が広く採用されることが予想される。もっとも、雇用調整助成金の特例は2021年2月28日まで延長されているものの、2020年11月27日の厚労省発表では、同時に「感染防止策と社会経済活動の両立が図られる中で、休業者数・失業者数が急増するなど雇用情勢が大きく悪化しない限り、雇用調整助成金の特例措置等は、段階的に縮減を行っていきます」とも発表されている。安易に特例措置が縮減されれば、整理解雇の抑制につながらない状況に至る可能性もある。コロナ禍は、いつまで続くかが不透明であるが、ワクチンの開発・普及等により、

16）仙台地裁令和2年8月21日決定・判例集未掲載。

いつかは必ず収束するはずのものである。終期はあるはずなのだから、政府は、雇用を維持し市民生活を守るために、コロナ禍収束の目処が立つまで、特例措置を継続するべきである。

二　コロナ禍と雇止め

1　有期雇用労働者の実情

　日本では、いわゆる「正社員」と呼ばれる立場で就労する労働者の労働契約は、期間の定めのない無期雇用となっているのが通常である。使用者側からの無期労働契約打ち切りは「解雇」の問題となる。

　それに対し、期間の定めのある労働契約に基づき働く労働者も存在する。日本では、フルタイム勤務で働く有期雇用労働者は「契約社員」と呼ばれたり、製造業現場では「臨時工」と呼ばれることが多い。また、パートタイムで働く労働者やアルバイト労働者、派遣労働者も、有期労働契約に基づき働く人が多い。

　有期労働契約は、期間の満了により終了するのが原則であり、期間満了時に契約が更新される場合、その契約更新は、形式的には新たな労働契約の成立という性質を持つことになる。有期労働契約は、本当にその契約期間のみ臨時に必要となる労働力の確保を目的として締結されるならば、期間満了で終了とすべきことも、契約の趣旨からして当然のことといえる。

　しかし、実際の有期労働契約は、景気変動による労働力需要変化への対応、人件費の節約など、主として使用者側の事情によって契約期間が定められていることが多い。すなわち、有期雇用労働者は、労働力需要が多いときには、正社員の雇用だけでは足りない労働力を補う労働力として、また労働力需要が少なくなったときには、正社員を解雇するのではなく、有期労働契約を期間満了時に終了させ更新を行わないことにより、人件費を調節するための存在として雇用されることが多いのが実情である。その結果、有期雇用労働者には、①雇用生活の不安定性、②契約更新の不確実性による地位の不安定性、③解雇制限の潜脱、④差別的な労働条件による労働条件格差などの問題が生じる。[17]

　これらの問題に対し、2012年改正労契法や、18年改正パート・有期労働法

（短時間労働者及び有期雇用労働者の雇用管理の改善等に関する法律）は、有期雇用労働者の地位の安定や、正社員との間の格差是正、労働条件についての説明義務の強化などを趣旨とする規定を設けている。その中の一つが、確立した判例法理として形成されていた雇止め法理を明文化した、労契法19条である。

2　雇止め法理はどのような考え方か

　労契法19条本文は、「有期労働契約であって次の各号のいずれかに該当するものの契約期間が満了する日までの間に労働者が当該有期労働契約の更新の申込みをした場合又は当該契約期間の満了後遅滞なく有期労働契約の締結の申込みをした場合であって、使用者が当該申込みを拒絶することが、客観的に合理的な理由を欠き、社会通念上相当であると認められないときは、使用者は、従前の有期労働契約の内容である労働条件と同一の労働条件で当該申込みを承諾したものとみなす」と定め、同条1号は「当該有期労働契約が過去に反復して更新されたことがあるものであって、その契約期間の満了時に当該有期労働契約を更新しないことにより当該有期労働契約を終了させることが、期間の定めのない労働契約を締結している労働者に解雇の意思表示をすることにより当該期間の定めのない労働契約を終了させることと社会通念上同視できると認められること」と、同条2号は「当該労働者において当該有期労働契約の契約期間の満了時に当該有期労働契約が更新されるものと期待することについて合理的な理由があるものであると認められること」と定める。つまり、同条1号か2号に該当する場合、有期雇用労働者は、使用者から契約期間満了によって雇用が終了する旨（雇止め）が通告されたとしても、契約更新による契約継続がなされるべきことを主張すれば、解雇権濫用法理と同様に、雇止めに客観的合理的理由と社会的相当性が認められなければ、期間満了前の契約と同内容で契約更新されたものとみなされることになる。同条1号か2号の該当性は、㈠業務の客観的内容、㈡契約上の地位の性格、㈢当事者の主観的態様、㈣更新の手続・実態、㈤他の労働者の更新状況などを考慮要素として判断することになる。[18]
　この条項のうち、1号は1974年の東芝柳町事件最高裁判決[19]、2号は1986年の

17）和田肇「有期契約と雇用保障の法政策」和田肇・緒方桂子編著『労働法・社会保障法の持続可能性』（旬報社、2020年）135頁以下、西谷・前掲注4）書486頁以下。

日立メディコ事件最高裁判決[20]の考え方を反映させたものである。これら 2 つの最高裁判決が出ることになった背景は、以下のとおりである。

　先に述べたとおり、有期労働契約は、使用者側から、解雇権濫用法理の潜脱として濫用される傾向があった。すなわち、実際には短期で終了する業務ではなく、長期間にわたり労働力を要する業務であるにもかかわらず、短期間の有期労働契約を締結し、その契約を反復更新させることで有期雇用労働者を働かせ続け、景気変動により人件費を減らしたくなった場合に、更新され続けた契約であったとしても、次の契約期間満了時に、期間満了を理由に契約を終了させる雇止めを行うのである。

　このような不安定雇用を強いられる立場にある有期雇用労働者の保護については、長らく立法による保護規定は存在しなかった。しかし、実態として長期間にわたり反復更新されながら雇用される有期雇用労働者は現に多数存在しており、特に日本の経済成長に伴う臨時工の増加により、1960年前後から、臨時工の雇止め事案において、その有効性が争われる訴訟が多く出てくるようになった[21]。

　そうした中で、東芝柳町事件最高裁は、2 か月契約を 5 回から23回にわたり更新されてきた臨時工らの雇止めについて、「上告会社としても景気変動等の原因による労働力の過剰状態を生じないかぎり契約が継続することを予定していたものであつて、実質において、当事者双方とも、期間は一応二か月と定められてはいるが、いずれかから格別の意思表示がなければ当然更新されるべき労働契約を締結する意思であつたものと解するのが相当であり、したがつて、本件各労働契約は、期間の満了毎に当然更新を重ねてあたかも期間の定めのない契約と実質的に異ならない状態で存在していたものといわなければならず、本件各雇止めの意思表示は右のような契約を終了させる趣旨のもとにされたのであるから、実質において解雇の意思表示にあた」り、「そうである以上、本

18）労契法19条 1 号および 2 号該当性判断のための考慮要素につき、多数の裁判例分析に基づきまとめたものとして、労働省『有期労働契約の反復更新に関する調査研究会報告』（2000年 9 月）。

19）最一小昭和49年 7 月22日判決・民集28巻 5 号927頁。

20）最一小昭和61年12月 4 日判決・集民149号209頁。

21）和田・前掲注17）論文141頁以下。事案として、三菱造船事件・長崎地裁昭和39年 6 月12日判決・労民集15巻 3 号638頁等。

件各備止めの効力の判断にあたつては、その実質にかんがみ、解雇に関する法理を類推すべきである」と判示した。この判決で、形式上は有期雇用とされていても、その実質が無期雇用と異ならないといえる事案においては、雇止めに際し解雇権濫用法理が類推適用されることが判例法理として確立された。

さらに、日立メディコ事件最高裁判決は、2か月契約を5回更新された臨時工の雇止めについて、「その雇用関係はある程度の継続が期待されていたものであり、上告人との間においても五回にわたり契約が更新されているのであるから、このような労働者を契約期間満了によって雇止めにするに当たっては、解雇に関する法理が類推され」、「解雇無効とされるような事実関係の下に使用者が新契約を締結しなかったとするならば、期間満了後における使用者と労働者間の法律関係は従前の労働契約が更新されたのと同様の法律関係となる」が、「臨時員の雇用関係は比較的簡易な採用手続で締結された短期的有期契約を前提とするものである以上、雇止めの効力を判断すべき基準は、いわゆる終身雇用の期待の下に期間の定めのない労働契約を締結しているいわゆる本工を解雇する場合とはおのずから合理的な差異があるべきである」と判示した。この判決で、実質的に無期雇用と異ならないといえるまでの事実がなくとも、雇用の継続を期待することに合理的理由がある場合には、雇止めに際し解雇権濫用法理が類推適用されること、雇止めが無効となる場合には従前と同内容の契約として更新されたとみなされることが判例法理として確立された。

もっとも、日立メディコ事件最高裁判決は、同時に、雇止めの効力を判断すべき基準には、無期雇用労働者の解雇の場合に比べ「合理的な差異がある」、すなわち、雇止めの合理性は、解雇の場合よりも緩やかに認めうる旨を判示している。同判決は、結論としても、当該事案の雇止めを有効と判断している。

これらの最高裁判決は、有期労働契約に対する法規制がなかった中で、実質的には長期の雇用継続見込みを前提に雇われているのに、契約の形式のみを理由に簡単に失業してしまうおそれのあった有期雇用労働者につき、一定の法的保護を与え、ある程度の地位の安定をもたらしたという点で評価されるべきものといえる。しかし、まず無期雇用と同視できる状況にあること、あるいは雇用の継続を期待することに合理的理由があることが認められなければ、そもそも解雇権濫用法理の類推適用も行われない点で一つの限界がある。また、解雇

権濫用法理の類推適用の場面でも、日立メディコ事件最高裁判決が示すとおり、その保護はあくまで、無期雇用正社員の地位の安定が優先された上でのものであるという限界も有している。実際、裁判例においては、整理解雇の四要件のうち、第二要件の解雇回避努力の内容として、正社員の整理解雇に先立ち有期雇用労働者の削減を行うべきことを挙げるものもある[22]。

　日本の非正規雇用率は、総務省統計局「労働力調査」に基づけば、1984年には15.3％であったものが、コロナ禍直前の2019年には38.2％にまで上昇している。1990年代以降における非正規雇用の増加は、同年代前半のいわゆる「バブル崩壊」による経済停滞の中、1995年の日経連『新時代の「日本的経営」』において「柔軟型」の雇用を増加させるべきであるとの提言がなされたことが拍車をかけたものといえる。有期雇用労働者をはじめとする非正規雇用労働者が全就労者の4割近くにまで増加した現状においては、非正規雇用労働者の相当数が、就労現場において継続的に必要な労働力として位置づけられているものと十分に推認できる。そうであるならば、有期雇用労働者であるからといって、必ずしも正規雇用よりも雇用の保護が弱くてもよいと評価されるべきことにはならないといえよう。

　雇止め法理が、雇止めの合理性は正規雇用の解雇の場合よりも緩やかに認めうるとする点については、いかなる事案においても当然に妥当しうる考え方ではないと解するべきである。

3　コロナ禍の下での雇止めをどう考えるべきか

　先に述べたとおり、総務省統計局「労働力調査」によれば、非正規雇用労働者数は、2020年7月において前年同月比131万人減の大幅減少となっている。この中には、相当数の有期雇用労働者の雇止めによる減少分が含まれていると考えられる。

　コロナ禍による経営悪化を理由とする雇止めにおいても、当然に雇止め法理は適用される。そしてその場合、労契法19条1号ないし2号の該当性が認められるならば、解雇権濫用法理と同様の考え方がとられることになるので、無期

22）アイレックス事件・横浜地裁平成18年9月26日判決・労判930号68頁等。

雇用における整理解雇法理と同じ考え方が適用されることになる。

　この点、もとより臨時的にのみ存在する業務に従事する趣旨で契約した有期雇用労働者や、就労期間が短く、特に契約更新を期待させる事情もない有期雇用労働者であれば、労契法19条1号ないし2号の該当性が否定されよう。もっとも、総務省統計局「労働力調査」によれば、2019年において、通算の契約期間が5年を超える有期雇用労働者は135万人存在する。少なくとも、このような有期雇用労働者であれば、労契法19条1号ないし2号の該当性は認めうる。

　問題は、整理解雇法理の適用と日立メディコ事件最高裁判決の述べる「合理的な差異」との関係の問題である。

　まず、整理解雇の四要件のうち、第一要件である人員削減の必要性については、無期雇用の場合の整理解雇と同様に考えることができる。雇用調整助成金の特例は、有期雇用労働者であっても、雇用保険被保険者であれば、すべて適用対象となる。また、厚労省は、特例の実施に併せて、雇用保険被保険者ではない者[23]であっても、雇用調整助成金と同様に申請することにより、「緊急雇用安定助成金」を支給する制度を創設している。したがって、有期雇用労働者についても、これらの助成金を申請すれば、少なくとも人件費は企業の負担とならず、人件費削減の必要性は認められないことになるといえる。

　有期雇用労働者にとって特有の問題となるのは、第二要件の解雇回避努力と、第三要件の人選基準の合理性である。すなわち、第二要件の解雇回避努力の内容として、正社員の整理解雇に先立ち有期雇用労働者の削減を行うべきとする裁判例の考え方に従えば、人員削減の必要性が認められる場合、有期雇用労働者の雇止めは正社員に対する解雇回避努力の履行として正当ということになってしまう。また、そのような裁判例の考え方や、正社員の解雇との「合理的な差異」を認める日立メディコ事件最高裁判決の考え方からすれば、有期雇用労働者を人員削減の対象とすることについて、第三要件の人選基準の合理性が認められることになろう。

　これらの問題点は、現在の雇止め法理および整理解雇法理の到達点の限界であるといえる。しかし、先に述べたとおり、非正規雇用率が4割近くになり、

---

23) 雇用保険法6条は、1週間の所定労働時間が20時間未満であることや、31日以上の雇用見込みがないことなどを、被保険者からの適用除外要件としている。詳しくは第5章を参照。

継続的に必要な労働力として位置づけられている有期雇用労働者が相当数存在するといえる実情からすれば、第二要件および第三要件の適用場面においても、実情を踏まえ、当該有期雇用労働者の雇用継続に対する期待の強さに応じた保護が検討されなければならないというべきである。そして、雇用継続に対する強い期待を有する者については、雇止めは正社員に対する解雇回避努力としても妥当性を有するものと評価されず、当該有期雇用労働者を雇止めの対象とすることにも人選の合理性はないと解されるべきである。

三　派遣労働者とコロナ禍

1　派遣労働の特徴とコロナ禍における派遣労働者の状況

　コロナ禍の影響は、派遣労働者にも強く及んでいる。派遣労働者は、いわゆる非正規雇用に分類される労働者の中でも、実際の就労先となる事業者との間には直接の労働契約が存在せず、就労先ではない派遣元事業者との間に労働契約が存在するものとして扱われる間接雇用の形態であることに特徴がある。また派遣労働者には、同時に有期雇用であったり、パートタイム労働であったりという特徴を併有するものも多い。間接雇用である派遣労働者の場合、派遣先事業者と派遣元事業者との間の労働者派遣契約という第三者同士が締結している契約が終了すれば、原則として派遣先での仕事は終了ということになってしまう。

　派遣労働の問題点としては、①就労継続が自身の契約ではなく事業者間の契約に委ねられてしまっており、派遣労働者の地位が非常に不安定である、②実際には労働者を「使用」しているわけではない派遣元事業者が就労関係に介在するため、不当な中間搾取（労基法 6 条参照）が横行しやすい、③中間搾取が横行したり、そもそも派遣先事業者が十分な派遣料を支払わなかったりする結果、派遣労働者の賃金が低廉になりかねない、④直接雇用の正社員と派遣労働者との間の差別的な取扱いが横行しやすい、⑤実際に就労する先である派遣先事業者との間に契約関係がないため、職場でパワハラ・セクハラなどの問題が生じても派遣先事業者が責任をとらず、他方、派遣元事業者には問題解決能力がないことが多い、などの点が挙げられる。

　総務省統計局「労働力調査」によれば、就業者のうち派遣労働者の数は、2019年においては概ね140万人前後で推移しており、2020年に入ってからも、１月から６月は前年と同水準の数で推移していたところ、2020年７月の集計では、前年同月比16万人減となる125万人と、実に１割以上もの減少となっている。これは、６月末が、３か月ごとに更新されるものが多い労働者派遣契約の更新時期に重なっていたところ、４月から５月にかけての緊急事態宣言で多くの企業の業績に悪影響が出た後に、６月末をもって派遣切りされた者が全派遣労働者のうち１割以上存在したことを意味する。

　また、労働組合への相談事例では、新型コロナウイルスの感染拡大を防ぐため、多くの企業で在宅勤務・テレワークの導入が進む中で、派遣労働者については出勤を求められる事例が目立っていることが報道されている[24]。コロナ禍における在宅勤務・テレワークは、使用者の安全配慮義務（労契法５条）の履行として行われるものといえるが、安全配慮において派遣労働者が差別的扱いを受けていることになる。

　コロナ禍と雇用の問題については、派遣労働者には、有期雇用労働者よりもさらに深刻な問題が横たわっているといえる。

2　労働者派遣法の歴史

　労働者派遣法（労働者派遣事業の適正な運営の確保及び派遣労働者の就業条件の整等に関する法律：派遣法）は、1985年に制定され、86年７月１日に施行されている。「労働者派遣」は、労働者派遣法によって作り出された概念である。労働者派遣法が制定されるまでは、労働者派遣は、職業安定法（職安法）44条が禁止する「労働者供給事業」の一形態であり、違法であった。派遣法は、違法な労働者供給事業のうち、一部を適法化したことに大きな意味があった。

　「労働者供給」とは、「供給契約に基づいて労働者を他人の指揮命令を受けて労働に従事させること」をいい（職安法４条７項）、それを事業として行うことは禁止されている（同法44条）。その趣旨は、中間搾取・ピンハネを排除することによって労働者保護を図る点にある。戦後、職業安定法が施行されてしばら

くの間は、労働者供給事業の禁止は厳格に貫かれていた。しかし、労働者供給事業と請負との区別基準について定める職安法施行規則 4 条が1952年改正で規制緩和されたことをきっかけに、「業務委託」や「請負」などの名目で人出しを行う人材派遣業が増加し、実態として違法といえる労働者供給事業が拡がる状況に至った[25]。派遣法の制定は、このように違法状態にあった人材派遣業を追認する意味があった[26]。

　派遣法は、「自己の雇用する労働者を、当該雇用関係の下に、かつ、他人の指揮命令を受けて、当該他人のために労働に従事させることをいい、当該他人に対し当該働者を当該他人に雇用させることを約してするものを含まないもの」を「労働者派遣」と定義し（同法 2 条 1 号）、「専門職種ならば労働者派遣を許しても弊害はない」とする理屈で、13業務のみを例外的に認めるところからスタートした。その後、1986年10月に16業務、96年12月に26業務と、対象業務が拡大され、99年 6 月には対象業務のネガティブリスト化（原則自由化）、2003年 6 月には製造業派遣解禁、専門26業務の派遣受入期間制限の撤廃と、規制緩和の一途をたどった。規制緩和により労働者派遣事業者の数も増え、厚労省「労働者派遣事業報告書集計結果」によれば、1986年の法施行時には1,968事業者であった労働者派遣事業者数も、2009年には 7 万7,892事業者にまで激増した。

　労働者派遣法は、同法が定める派遣元事業者および派遣先事業者に対する規制が守られるならば、派遣労働者にも大きな不利益は生じないはずだとの建前をとる。しかし実際には、少なくとも2008年秋のリーマン・ショック以前においては、数多くの労働者派遣事業者が違法派遣を行っており[27]、また、多くの名

---

25) 事業場内下請との名目での就労関係が職安法違反となる旨を認定した事案として、近畿放送事件・京都地裁昭和51年 5 月10日決定・労判252号17頁、青森放送事件・青森地裁昭和53年 2 月14日判決・労判292号24頁、サガテレビ事件・佐賀地裁昭和55年 9 月 5 日判決・労判352号62頁等。

26) 西谷敏・脇田滋編『派遣労働の法律と実務』（労働旬報社、1987年）27頁以下〔脇田滋〕、中島正雄「労働者派遣法の前史と制定過程」和田肇・脇田滋・矢野昌浩編著『労働者派遣と法』（日本評論社、2013年） 2 頁以下。

27) 全国の労働局がウェブ上にて公表する是正指導および行政処分内容を見れば、数多くの労働者派遣事業者が労働者派遣法違反を行った事実が確認できる。例えば、2008年 1 月、東京労働局は当時の大手労働者派遣事業者であったグッドウィルの全事業所に対し 4 か月から 2 か月の事業停止命令を出し、同年 6 月 3 日、同社の課長らが職業安定法違反で警視庁に逮捕されている。

だたる大企業が違法派遣・偽装請負を受け入れていた。[28]

　そんな中で、2008年秋にリーマン・ショックが起き、「派遣切り」と呼ばれる大量の派遣労働者の解雇が行われた。そして同年末には、住居を失った派遣労働者らを対象に炊き出し等の援助が行われた、いわゆる「年越し派遣村」が、派遣労働者の不安定、格差・貧困状況を可視化し、派遣労働者保護のための法改正を目指す機運が高まった。その結果、2009年8月に発足した旧民主党を中心とする連立政権は、初めて規制を強化する内容の労働者派遣法改正案を国会に上程し、2012年3月に可決成立に至った。同改正法は、当初の法案の目玉であった製造業派遣・登録型派遣の原則禁止が盛り込まれなかったものの、派遣料金・マージン率の明示や、派遣先による中途解約の場合の就業機会確保措置・休業手当支払のための費用確保措置等の義務の明示、グループ企業内派遣規制、離職労働者の派遣労働者としての受入禁止、日雇い派遣の原則禁止など、規制強化といえる規定が複数盛り込まれた。特に、派遣禁止業務への派遣、無許可事業者による派遣、派遣受入期間制限違反の派遣、労働者派遣法適用を免れる目的で請負その他の名目で契約を締結する派遣（いわゆる「偽装請負」事案）という違法派遣類型における、派遣先事業者の直接雇用申込みみなし規定（派遣法40条の6）の導入が、強力な規制強化となった。もっとも、この規定は効果が大きいため、施行は3年先延ばしにされた。

　違法派遣事案における派遣先の直接雇用申込みみなし規定は、違法派遣・偽装請負事案について、パナソニックプラズマディスプレイ（パスコ）事件最高裁判決[29]以来、派遣先事業者に直接雇用責任を負わせる途がほぼ断たれた[30]中で、立法によって派遣先事業者の雇用責任を認めさせることを可能とした。[31]2012年改正法は、法制定以来、規制緩和一辺倒だった歴史の中で、初めて規制強化の

28）塩見卓也「労働者派遣裁判例の分析――松下PDP事件最高裁判決後の下級審裁判例」和田ほか・前掲注26）書188頁以下。

29）最二小平成21年12月18日判決・民集63巻10号2754頁。

30）塩見・前掲注28）論文。

31）第300回労働政策審議会職業安定分科会労働力需給制度部会（令和2年6月9日）資料3「労働契約申込みみなしについて」によれば、都道府県労働局における労働契約申込みみなしに関する指導件数および直接雇用に至った件数は、①禁止業務派遣で2件（うち直接雇用に至った件数0件）、②無許可派遣で37件（同16件）、③期間制限超過（事業所単位）で2件（同1件）、④期間制限超過（個人単位）で2件（同1件）、⑤偽装請負で22件（同4件）であった。

方向を示した点、その結果、悪質事案の横行に対する一定の歯止めになった点で評価できる。

　その後、旧民主党を中心とする連立政権の崩壊後、自公連立による安倍政権は、再び労働者派遣の規制緩和方針を示した。安倍政権の諮問機関、規制改革会議では、労働者派遣法の根本理念である「常用代替防止」、すなわち、派遣先事業主における常用直接雇用労働者が派遣労働者に置き換えられることを防止するという考え方を見直す方針が打ち出された。その方向性に従って、派遣元事業者との契約が無期とされる派遣労働者は派遣可能期間制限を撤廃し、有期雇用の派遣労働者についても、派遣可能期間制限を業務単位から事業所単位・個人単位に変更することで、派遣先事業者が3年ごとに派遣労働者を入れ替えることにより派遣労働を継続して使うことを可能とするなど、常用代替防止の理念を根本から否定する内容の法案が、2014年通常国会および臨時国会に提出された。

　この法案は、反対運動が巻き起こる中、同年度通常国会および臨時国会では廃案となったものの、2012年改正法の直接雇用申込みみなし規定施行を2015年10月1日に控える中、その1か月前である同年9月1日を施行日として、同年通常国会に3度目の提出がなされた。その意図は、従前は派遣可能期間制限がなかった専門26業務[32]につき、改正法で専門26業務区分を廃止することにより、業務区分違反があったが故に同時に派遣可能期間制限違反となる事例に直接雇用申込みみなし規定が適用される可能性を潰す点にあった[33]。法案は、派遣労働者の7割近くが法案に反対しているとの報道がなされる中[34]、当初の施行予定日であった同年9月1日が過ぎても改正法が成立していないという異常事態に至ったが、同月11日、施行日を2012年改正法の直接雇用申込みみなし規定施行日の前日である9月30日とするという修正を入れ、可決・成立となった。これが、現在の派遣法である。

---

32) 旧派遣法施行令4条1号ないし26号の、ソフトウェア開発（1号）、OA機器操作（5号）、通訳・速記（6号）、秘書（7号）、ファイリング（8号）等の業務は、派遣可能期間制限の適用除外となっていたが、実際には専門業務の名目で労働者派遣を行いながら、専門26業務の対象外の業務を行わせる違法事例が横行していた。その場合、原則どおりの派遣可能期間制限を受けることになり、期間制限違反となる事例が多かった。伊須慎一郎・三浦直子「政令26業務の内容と意義」和田ほか・前掲注26)書102頁以下。

3 現行派遣法の問題点とコロナ禍

　年越し派遣村と2012年改正を経て、リーマン・ショック前に比べ、悪質な違法派遣や中間搾取についてはある程度の歯止めができた。リーマン・ショック時においては、主に製造業派遣の派遣切りにおいて、派遣切りに伴い住居とされる寮から追い出され、仕事を失った派遣労働者が一気にホームレスとなる事態が多数生じた。今回のコロナ禍においては、そのような事態が多数生じたとは認められず、その点では、この10年余りにおいて進歩があったといえる。また、雇用調整助成金の特例は、派遣労働者も適用を受けることができる。しかしなお、派遣労働者の雇用の安定については、依然として非常に問題が多い。

　2012年改正で導入された派遣法29条の2により、コロナ禍で事業が立ちゆかなくなった派遣先事業者が派遣元事業者との間の労働者派遣契約を解除する場合、派遣先事業者は、派遣労働者の新たな就業機会の確保や休業手当等の支払に要する費用の負担等の措置を講じなければならない。この点は、厚労省「新型コロナウイルス感染症に関するＱ＆Ａ（労働者派遣について）」（令和2年5月12日公表、令和2年8月26日更新）においても確認されている。しかし、コロナ禍による全国的な経済停滞の状況下においては、新たな就業機会の確保自体が困難となる。また、派遣先事業者が派遣労働者の休業手当等の支払費用を負担するとしても、それは労働者派遣契約の残期間が限度である。労働者派遣契約が、中途解除されるのではなく、期間満了で終了する場合であれば、派遣労働者は、派遣先事業者の責任による補償は受けられない。

　また、2015年改正法は、派遣元事業者との契約が無期とされる派遣労働者につき派遣可能期間制限を撤廃することの正当化根拠として、派遣労働者の雇用の安定を図ることができるとしていた。しかし、派遣労働者は、派遣元事業者

33）この点は、富田望厚労省需給調整事業課長から共産党を除く国会議員に対し、「現行制度のまま、労働契約申込みみなし制度が施行されることを避けたい」、「労働契約申込みみなし制度のリスクを回避するため、派遣先が平成27年10月1日の前に26業務（全体の42％）の派遣の受入をやめる可能性」、「大量の派遣労働者が失業」、「派遣事業者に大打撃」、「派遣先は迅速に必要な人材を確保できず、経営上の支障が生じる」など、根拠も明らかでない言説を書き並べ、派遣事業者に肩入れした内容のペーパーが配布されたことから明らかであった（いわゆる「10.1ペーパー」）。この10.1ペーパーに対する批判として、2015年4月28日付日本労働弁護団幹事長談話「厚労省『10・1問題』ペーパーの『大量失業』虚偽宣伝を糾弾する」参照。

34）2015年9月1日日本経済新聞朝刊。

との間の契約が無期雇用となっていても、実際に就労する場は派遣先なので、派遣先事業者が労働者派遣契約を打ち切った場合、これまで働いてきた職場では働くことができなくなる。そして、派遣労働者と派遣先事業者との間には契約関係が存在しないので、派遣労働者は、直接雇用申込みみなし規定が適用される事案等でない限り、実際の就労先である派遣先事業者に対し就労の継続を主張することはできない。

　他方、派遣元事業者に対しては、無期雇用派遣であれば、派遣労働者は雇用の存続を主張することはできるが、コロナ禍による全国的な経済停滞の状況下においては、良好な労働条件による新たな派遣先の確保自体が困難となり、雇用は存続しても実際に働くことができなくなるおそれが大きい。その場合、派遣元事業者に賃金の6割となる休業手当は請求できる。しかし、派遣労働者はもとより低い賃金水準で就労している者も多く、6割の休業手当のみでは生活が成り立たなくなる者も多い。さらに、派遣元事業者の中には、派遣先が確保できない状況が続けば、派遣労働者を解雇する者が出てくることも考えられる。無期雇用派遣ですらこのような状況にある中で、有期雇用の派遣労働者が派遣元事業者から雇止めされた場合、雇用の安定を図ることはなおさら困難となる。

　結局のところ、派遣労働における雇用の不安定は、間接雇用形態である派遣労働の必然といえる弊害であり、そもそもこのような就労形態を安易に利用できるようにすること自体に問題があるといえる。立法政策としては、少なくとも、1999年改正による対象業務のネガティブリスト化より前の状態まで戻し、派遣労働は原則禁止とし、例外として許容する業務は、雇用の不安定を補って余りある水準の労働条件が確保されるよう、規制を強化すべきである。

四　おわりに

　コロナ禍の下において雇用の存続を図るための政策として、政府が雇用調整助成金の特例を設けたことは評価できる。この特例が、経済的にも法的にも、安易な整理解雇の歯止めとなり得る。

　他方、コロナ禍に起因する経済停滞下で、改めて、非正規雇用労働者、特に派遣労働者の雇用の不安定さが浮き彫りとなっている。このような現象は、リ

ーマン・ショック時にも見られたものであり、その反省の下に、旧民主党を中心とする政権下においては、非正規雇用労働者保護の強化を目的とし、労契法、パート法、派遣法の改正が行われた。今回のコロナ禍で生じている事態は、それでもまだ保護が不十分であることを示している。

　コロナ禍の教訓は今後、非正規雇用労働者のより一層の保護充実や、派遣法の規制強化の議論に活かされるべきだといえる。

〔塩見卓也〕

第3章
休業手当、雇用調整助成金、休業給付金

はじめに

　「はしがき」で書いたように、この数十年間に市民生活や労働者の雇用に大きな影響を及ぼす事故、災害が度々起きているが、今回のコロナ禍はその空間的な広がり、時間的な長さ、深刻さ（たとえば倒産件数や失業者の多さ）、回復への不安感で、従来の災害とは比較にならないものである。市民の営業・事業活動、そして労働者の働き方や雇用自体を決定的に左右したのは、国や自治体が行った緊急事態宣言による「自粛要請」であった。まず2020年3月に政府の自粛のお願いがあり、4月に政府から緊急事態宣言が発出された。これも形としては「自粛要請」であり、強制力を伴うものではないが、多くの国民はその要請に応じ、営業活動を制限したり、休業したり、労働者も自宅待機になったり、自宅勤務を行うなどした。この点が、ロックダウンと呼ばれる、ときには違反に対する罰則（多くは過料であるが、中には身体拘束もあった）を伴う空港封鎖、国境封鎖、都市封鎖、全国的な接触制限を行った海外の国々と違っていた。

　強制力を伴うものであれば、それにより萎縮した営業や生活の経済基盤の喪失という損害への公的補償の法律問題が出てくるが、それを回避するかのような自粛要請であった（詳しくは第1章コラム・営業「自粛」と憲法を参照）。ところが現実には、大きく傷んだ小規模事業者や労働者への補償をせざるを得ず、政府の対応は結局は後手後手に回った。そのことがまた労働法や社会保障法上のセーフティネットの脆弱性を露呈させることになった。

　経営が悪化したときに、解雇や雇止めなどにより雇用を失う措置も考えられるが（その実態と法律上の問題については第2章で述べた）、経済の悪化が全国的に、

図表3-1　休業者数と内訳（単位・万人）

	休業者	自営業主	雇用者	内正規労働者	非正規労働者	内パート	アルバイト	派遣労働者	契約社員	嘱託	その他
3月 2019年	218	23	188	91	91	38	26	5	11	5	6
2020年	249	27	213	89	118	54	33	6	11	4	10
4月 2019年	177	22	147	80	60	25	18	3	7	4	4
2020年	597	70	516	193	300	134	98	16	30	9	14
5月 2019年	149	17	125	69	48	20	15	2	5	2	4
2020年	423	57	354	126	209	89	66	13	20	9	11
7月 2019年	186	21	160	70	86	36	28	4	8	5	5
2020年	220	30	180	85	86	35	26	7	7	4	6
8月 2019年	202	19	174	76	90	36	31	3	9	5	6
2020年	216	35	175	87	80	34	25	4	9	4	5

（出展）　総務省労働力調査「就業者及び休業者の内訳」より作成

そして多くの産業に波及しており、新たな就職先を探すのに苦労する労働環境の下では、できるだけそれを避ける措置を講じる方が望ましい。以下で紹介するのは、そういう措置である。

一　休業者の実態

　総務省労働力調査「就業者及び休業者の内訳」を定期的に公表しているが、そこで休業者は「仕事を持ちながら、調査週間中に少しも仕事をしなかった者のうち……①雇用者で、給料・賃金の支払を受けている者又は受けることになっている者」、「②自営業主で、自分の経営する事業を持ったままで、その仕事を休み始めてから30日にならない者」と定義されている。図表3-1は、同統計による、前年同月と比較した休業者数の推移を示したものであるが、そこから以下のことが言える。

　まず、休業者は景気の変動に関係なく、一定数が存在している。この人たちは失業予備軍とも言われることがあるが、しかし失業者ではなく、そのため失

業率を下げている点が重要である。

　次に、前年比で2020年 4 月から明白に休業者が急増している。これは明らかにコロナ禍の影響である。その数は、その後若干減少しているが、前年と比べると依然として高い水準で推移している。

　さらに、休業者は一般には正規労働者の方が多いが、2020年 3 月からはこの関係が逆転し、4 月からは非正規労働者が明確に増加しており、したがってコロナ禍は正規労働者ではなく非正規労働者に大きな影響を及ぼしていることが分かる。コロナ禍の被害は、非正規労働者の中でもパートやアルバイトに集中している。

二　休業手当の支払の実態

　⑴　休業者に対して支払われるものに休業手当があるが（その内容については後述）、その実態をつかむために、新聞等で休業手当についてどのような報道がされているか、コメントを付していくつか紹介しておきたい。

　【ケース 1 】（KYODO 2020年 5 月14日配信）

　大学生らが加入する労働組合「首都圏学生ユニオン」（東京）は14日、新型コロナウイルスの感染拡大に伴い、アルバイトで働く学生を対象に 4 月25、26日に実施した電話相談の結果を発表した。77人から相談があり、相談者のバイト先93件（掛け持ち含む）のうち、職種は飲食業が約半数で、小売りや塾・予備校、イベントと続いた。バイト先の休業などの原因でシフトが全てなくなり、補償もなかったのは59件に上った。

　コメント：コロナ禍で経営状態が悪化し自宅待機命令を出した場合、学生アルバイトであれ主婦アルバイトであれ労働者に変わりはないから、使用者には休業手当の支払義務がある。とはいっても学生が一人で会社と交渉するのは難しい。首都圏学生ユニオンやブラックバイトユニオンに加盟して交渉し、休業手当（場合によって民法536条 2 項の100％賃金）の補償を勝ち取った例などが報道されている（共同通信2020年 5 月20日など）。

　なお、6 月12日に成立した改正雇用保険法では、休業している労働者に直接、支援金を支給する新たな制度が始まり、中小企業で働く人を対象に、勤め先か

ら休業手当が支払われていない場合に、月額33万円を上限に賃金の8割を支給することになった。この点については後述する。

【ケース2】（gooニュース2020年4月14日）

母子家庭を支援するNPO法人「しんぐるまざあず・ふぉーらむ」（東京）の調査から、新型コロナウイルスの感染拡大による臨時休校の影響で仕事を休まざるを得なくなったシングルマザーのうち3割近い26％が「（補償を）受けられない」と回答していることが分かった。政府などへの要望を複数回答で聞いたところ、「すぐに現金給付が欲しい」が78％と最多で、経済的な困窮ぶりが浮き彫りになった。

政府は小学校や幼稚園などに通う子どもの世話をする必要がある保護者に特別な有給休暇を取得させた企業に対し、日額8,330円を上限に助成金を支給することにしたが、企業が申請しなければ補償を受け取ることができない。今回の調査で、休業補償について「受けられた」と回答したのは19％にとどまった。

コメント：実際に休業をした労働者の中でも、休業手当を受けている労働者が非常に少ない実態が明らかになっている。特にシングルマザーの生活が逼迫している。

【ケース3】（https://www.change.org/）

インターネットによる署名活動を展開しているchange.orgで「妊娠中の医療従事者をCOVID-19から守ってください！」というキャンペーンが行われた。その内容を簡単に紹介しておきたい。「コロナ最前線で働いている妊娠中の医療従事者に対して、配置転換や休業補償などの必要な措置がとられていないのが現状です。」「現在の医療現場は患者対応に追われており、各妊婦個人が病院の責任者と話し合って方針を決めるような時間的、精神的余裕はありません。妊婦としても、人手が足りない現場でリスクの少ない職場に変更して欲しい、休ませてほしいと積極的には言いづらい状況にあると思います。」

「コロナ診療第一線で働く妊娠中の医療従事者と赤ちゃんを守る制度構築を促すよう、厚生労働省に働きかけたいと思います。

1．妊娠中の医療従事者のコロナウイルス感染リスクの高い職務への従事を禁止

2．それでも安全に働く環境を確保できずに休業となった場合の経済的な休

業補償

医療者そして未来の国民を守るために、皆様のご協力をお願いします。」

　コメント：この署名は 4 月から始まり、5 月15日に厚労省に申し入れをしている。今のところ厚労省は経済各団体に対して、妊娠中の女性労働者が休みやすい環境の整備、感染リスクを減らす観点からのテレワークや時差通勤の積極的な活用の促進を要請しているのみである（4 月 1 日付「職場における新型コロナウイルス感染症の拡大防止に向けた妊娠中の女性労働者等への配慮について（要請））。

　それでは休業手当とはどういう制度なのだろうか。

　⑵　労働政策研究・研修機構の「新型コロナウイルス感染拡大の仕事や生活への影響に関する調査」（2020年 8 月26日、8 月調査）では、回答者938人（正社員500人、非正社員438人）中、休業を命じられた比率64.3％（60.8％、68.3％）、その中の603人の内、仕事日数（時間数）の半分以上が支払われた54.1％（65.5％、52.5％）、同一部が支払われた21.9％（19.7％、24.1％）、不支給24.0％（14.3％、33.4％）となっている。つまり、全体でも 1 ／ 4 が、非正規では 1 ／ 3 が休業手当を全く受けていないことになる。こうした実態は、休業手当支払要件の厳しさとその計算方法の仕組みを反映しているものと考えられる。

三　履行不能と反対給付（賃金支払）の仕組み

1　労働ができない場合の賃金の扱い

　労働契約は、労働者が労働に従事（労務を提供）し、使用者がこれに対して報酬（賃金）を支払うことを約束する契約である（民法623条、労契法 2 条）。賃金は、労働者がまず労働を提供してから後に支払われる（民法624条。賃金後払という）。

　さて問題は、何らかの理由で労務が提供できない（履行不能という）場合にも使用者には反対給付として賃金支払義務があるかである。この法律関係を図示すると、図表3-2（著者作成）のようになる。なお、ここでの「休業」という用語は、先の総務省統計のそれとは異なる。つまり、労基法 9 条の「労働者」が対象で、完全に仕事しない場合のみならず、操業を短縮された場合の短縮分（たとえば週 3 日勤務する学生アルバイトが 2 日間自宅待機を命じられた場合）も休業

58

図表3-2　履行不能と反対給付

帰責事由が 労働者にある 民法536条1項	不可抗力 労基法 26条 （使用者に 帰責事由）	帰責事由が 使用者にある 民法536条2項

に当たる。

　この図について詳しく説明したい。

　まず、労務の履行不能の帰責事由（「責に帰すべき事由」）が労働者にある場合と不可抗力の場合には、民法536条1項から、使用者には賃金を支払う義務が無い。一般にこれを「ノーワーク・ノーペイ」という。労働者に帰責事由がある場合とは、無断欠勤の場合、私傷病の場合[1]、労基法等で休暇・休業が無給とされている場合[2]、その他に冠婚葬祭等で労働協約や就業規則で有給とされていない場合（多くの場合に一定範囲で有給扱いとなっているが）、ストライキを行った場合、懲戒処分としての出勤停止処分を受けた場合などである。不可抗力とは、自然災害（地震、風水害等）や近隣の火災による延焼での工場・事業所の焼失、原発事故の被害などをいう。

　次に、労務提供の履行不能の帰責事由が使用者にある場合には、民法536条2項により使用者は賃金支払義務を負う。使用者が正当な理由なく一方的に労働者に出勤停止や休業を命じた場合、違法・無効な解雇を行った場合（バックペイを支払う義務がある）などである。

　同じく使用者に帰責事由がある履行不能の場合には、関係する条文として民

1）業務外の傷病による休業が3日間継続した場合に、4日目から加入している健康保険から「傷病手当金」が支給される。

2）無休の休暇・休業として、労基法65条の産前産後休業、育介法上の育児休業、介護休業、子の看護休暇等がある。なお、これらについては健康保険・出産手当金や雇用保険から所得補償がされることもある。たとえば産前産後休業に対しては健康保険から出産手当金が支給されるし、育児休業、介護休業に対してはそれぞれ雇用保険から育児休業給付金、介護休業給付金が支給される。

法536条2項と労基法26条とがあるが、その内容が異なっている。同じ「帰責事由」という言葉を使っているからややこしい。民法536条2項では労働者が100％の賃金請求ができるのに、労基法26条では「平均賃金の100分の60以上の手当」（休業手当という）しか請求できず、本来労働者にとって有利になるはずの労基法上の権利の方が、一見すると民法上の権利よりも不利になっているからである。そこで両者を矛盾無く説明するために、労基法26条の帰責事由は、民法536条2項の帰責事由より広く、民法では不可抗力とされる事情の一定部分も指すと理解されている。[3] 詳しいことは次の四で説明したい。

　なお、労基法26条の休業手当と同様の給付（休業補償給付）は労基法76条にも登場してくる。労働災害の場合の休業補償で、これは使用者の帰責事由の有無に関係なく支給される点で、労基法26条の休業手当とは異なる。労働災害に対する使用者の賠償責任は、無過失責任だからである。

2　労基法26条の趣旨

　労基法26条は、ドイツやフランスにも存在しない珍しい規定であるが（ベルギーやオーストリア法にはあった）、その理由は次のように説明される。労基法制定時に民法536条2項があったが、戦前にはこの規定の適用を排除する特約が結ばれたり、また、経済変動に伴う経営障害の際には休業が行われたり、民法の規定だけでは労働者の保護に十分ではなかった。こうした事情に鑑みて、罰則付で平均賃金（労基法12条に計算方法の定めがある）の60％以上の支払を保障しようと、本条が設けられた。[4] 使用者にとってはやむを得ないと思われる事情で

3）ノースウェスト航空事件・最高裁昭和62年7月17日判決・民集41巻5号1283頁・労判499号6頁は、このことを次のように説明する。「休業手当の制度は、……労働者の生活保障という観点から設けられたものではあるが、賃金の全額においてその保障をするものではなく、……使用者の立場をも考慮すべきものとしていることは明らかである。」そうすると、労基法26条の解釈適用に当たっては、「いかなる事由による休業の場合に労働者の生活保障のために使用者に前記の限度での負担を要求するのが社会的に正当とされるかという考量を必要とするといわなければならない。」このように考えると、労基法26条の帰責事由は、民法536条2項の帰責事由よりも広く、「使用者側に起因する経営、管理上の障害を含むものと解するのが相当である。」
　使用者が労働者の自宅待機を命じ、その間の休業手当を支給したとしても、自宅待機に正当な理由がない場合には、使用者には民法536条2項による賃金支払義務があるとされる（INSOU事件・大阪地裁平成24年4月26日判決・労経速2147号24頁。実際には両者の不足分を損害賠償として支払うことになる）。

の休業であっても、それを回避するためにできる限りの努力をしないと、労基法26条の休業手当の支払が必要となる。

　いわば民法の規定の欠陥を労基法が埋めたことになる。かくして民法536条2項により使用者に賃金支払義務がある場合には、その不払に対しては労基法24条違反としての罰則（労基法120条）があり、労基法26条違反に対しても同じ罰則（労基法120条）が科されることになる。

　休業手当制度は、リーマン・ショック時のように経済環境によって休業や操業短縮が行われるときに、もっとも機能を発揮する。

四　休業手当

1　労基法26条の帰責事由

　民法536条2項の帰責事由には該当しないが、労基法26条の帰責事由となるのは、どのような場合か。一般的に考えられている事情としては、経営資金のショート、原材料の調達・入手の困難、あらかじめ予定されていた交通ストなどがある。

　行政解釈を見ておこう。

　親会社の専属下請けが親会社の経営難のため資材を獲得できない場合に、休業は労基法26条の使用者の帰責事由によるものとされている（昭和23年6月11日基収1998号）。採用内定を出した新規学卒者について、企業の都合によって就労の時期を繰り下げ、自宅待機を命じた場合にも、使用者は休業手当を支払わなければならない（昭和63年3月14日基発150号）。これに対して、労働安全衛生法66条の健康診断の結果に基づいて労働者を休業させたり労働時間短縮をした場合には、休業手当支払義務はないとされる（昭和23年10月21日基発1529号、昭和63年3月14日基発150号）。

　また、「綿紡績業に対する通商産業省の操業短縮勧告に基づき労働者に休業せしめた場合、事業主の自らの利益のために自主的に操業短縮を行うものであり、法令をもって直接に操業短縮を義務づけたものではないから、結局事業内

4）厚労省労働基準局編『平成22年版労働基準法・上』（労務行政、2011年）366頁以下。

の都合によるものであり、休業手当の支払義務を免れない」といった解説もされている[5]。これなどコロナ禍での操業短縮事案に応用できそうである。

東日本大震災の時に計画停電が実施されたが、行政解釈（平成23年3月15日基監発0315第1号）では、次のように扱われた。

①計画停電の時間帯における事業場に電力が供給されないことを理由とする休業については、原則として労基法26条の使用者の帰責事由による休業には該当しない。

②計画停電の時間帯以外の時間帯の休業は、原則として同条の使用者の帰責事由による休業に該当する。ただし、計画停電が実施される日において、計画停電の時間帯以外の時間帯を含めて休業とする場合であって、他の手段の可能性、使用者としての休業回避のための具体的努力等を総合的に勘案し、計画停電の時間帯のみを休業とすることが企業の経営上著しく不適当と認められるときには、計画停電の時間帯以外の時間帯を含めて原則として労基法26条の使用者の帰責事由による休業には該当しない。

次に、裁判例では、使用者の経営判断による休業で、労基法26条の休業手当の支払が求められた事案もいくつかある。関連企業に業務の8割を依存している企業で、関連企業で起きたストライキが長期化したために休業せざるを得なくなったケースでは、「経営政策上の事由や経営障碍を理由とする休業も使用者の帰責事由となる」とされている[6]。その他で休業手当の請求が認められた事案として、業務を受注できずに休業措置を執らざるを得なかった場合[7]、派遣労働者が帰責事由がないにも関わらず派遣先企業からの労働者差し控え要求により職場を失った場合[8]などがある。

以上のことをまとめると、労基法26条の使用者の帰責事由に該当しない場合とは、休業が企業の外部の要因により生じており、かつ他の手段の可能性の追求など、休業回避のための最大限の努力義務を使用者が尽くしている場合と言うことができる[9]。

5）労働省労働基準局編『改訂新版労働基準法・上』（労務行政研究所、2000年）339頁。
6）扇興運輸事件・夢魔元地裁八代支部昭和37年11月27日判決・労民集13巻6号1126頁。
7）大田原重機事件・東京地裁平成11年5月21日判決・労経速1716号17頁。
8）三都企画建設事件・大阪地裁平成18年1月6日判決・労判913号49頁。

2 コロナ禍での緊急事態宣言による休業

それでは、今回のコロナ禍では、営業・事業活動への影響が大きくなり、休業せざるを得なくなった場合の休業手当はどうなるのか。厚労省は、従来の行政解釈に基づいて、以下のような「新型コロナウイルスに関する Q&A（企業の方向け）」（令和2年5月27日時点版）を出している。

　　問　「新型コロナウイルスに関連して労働者を休業させる場合、どのようなことに気をつければよいのでしょうか。」

　　答　「不可抗力による休業の場合は、使用者の責に帰すべき事由に当たらず、使用者に休業手当の支払義務はありません。ここでいう不可抗力とは、①その原因が事業の外部より発生した事故であること、②事業主が通常の経営者として最大の注意を尽くしてもなお避けることのできない事故であることの2つの要件を満たすものでなければならないと解されています。例えば、自宅勤務などの方法により労働者を業務に従事させることが可能な場合において、これを十分検討するなど休業の回避について通常使用者として行うべき最善の努力を尽くしていないと認められた場合には、『使用者の責に帰すべき事由による休業』に該当する場合があり、休業手当の支払が必要となることがあります。」

（傍点は著者）

　　問　「労働者が新型コロナウイルスに感染したため休業させる場合、休業手当はどのようにすべきですか。」

　　答　「新型コロナウイルスに感染しており、都道府県知事が行う就業制限により労働者が休業する場合は、一般的には『使用者の責に帰すべき事由による休業』に該当しないと考えられますので、休業手当を支払う必要はありません。」

　　問　「新型コロナウイルス感染症によって、事業の休止などを余儀なくされ、やむを得ず休業とする場合等にどのようなことに心がければよいのでしょうか。」

　　答　「例えば、海外の取引先が新型コロナウイルス感染症を受け事業を休止したことに伴う事業の休止である場合には、当該取引先への依存の程度、他の代替手段の可能性、事業休止からの期間、使用者としての休業回避のための具体的努力等を総合的に勘案し、判断する必要があると考えられます。」

　　問　「新型インフルエンザ等対策特別措置法による対応が取られる中で、協力

9）行政解釈の立場でもある（厚生労働省労働基準局編『平成22年版労働基準法上』（労務行政、2011年）369頁）。

依頼や要請などを受けて営業を自粛し、労働者を休業させる場合、どのようなことに注意すべきですか。」

　答　この「場合であっても、労使がよく話し合って、休業中の手当の水準、休業日や休業時間の設定等について、労働者の不利益を回避する努力をお願いします。」

　このQ&Aで重要なポイントは、コロナ禍でも事業主には「通常の経営者として最大限の注意を尽くし」、休業を回避するような努力が求められている点である。それが足りなければ使用者に帰責事由があるとみなされる。こうした努力の一つとして、次に述べる雇用調整助成金の利用が考えられる。

3　休業手当の計算方法

　休業手当について注意しなければならないのは、それは平均賃金（労基法12条）を基準として計算される点である。つまり、日当1万円の人が1か月に20日間働いたと仮定した場合に、平均賃金は過去3か月分の賃金総額（20×3＝60万円とする）を、まず総歴日数数（90日とする）で除して、それに総勤務日数（60日）を乗じ、その60％が最低額となる（60万÷90日×20日×0.6≒8万円）。つまり、総賃金額の約4割になる。休日については、平均賃金の計算の総日数には加えられながら、支給に際してはその分の支給義務が使用者にはないと解されているからである（昭和24年3月22日基収4077号）。今から70年も前の通達であるから、その見直しも必要であろう。

五　雇用調整助成金

1　雇用調整助成金の機能

　雇用調整助成金とは、使用者が休業や操業を短縮し、労働者に休業手当を支払ったり、教育訓練または出向を行い、労働者の雇用の維持を図った場合に、休業手当や賃金等の一部を助成する制度である。対象事業主は、労働局・ハローワークに雇用調整助成金を申請することができる。

　雇用調整助成金の前身の雇用調整給付金が導入されたのは、1974年制定の雇

用保険法においてである[10]（現行は雇用保険法施行規則103条の３）。当時は第一次石油ショック後で、景気停滞により一時的に大量の失業者が発生する事態を回避するための制度としてそれは考えられた。当時のヨーロッパには既に類似の多様な制度が存在しており、とりわけドイツの制度（操業短縮手当＝操短手当）がモデルとされた（ドイツの制度については補論を参照）。1981年にこれが他の様々な給付金と統一され現在の雇用調整助成金となっている。その後、雇用の安定化政策から流動化政策へ移っていくに従い、その役割は低下していく。それに代わって労働移動支援助成金が重視されるようになる。一部の経済学者の中からは、この助成金が生産性の低い企業を生き延びさせることになり、産業構造の変化を阻害しているとして、かねてから廃止を唱える主張も根強い[11]。

　ところが、2008年秋のリーマン・ショック後の雇用情勢の悪化の時、また11年の東日本大震災後にこの制度が再び脚光を浴びた[12]。そして今回のコロナウイルス禍で再度、この制度が注目されている。一部経済学者の言うのと違い、この制度は不要とならないのが現実である。ただし、休業手当を補填する給付であり、対象者が雇用保険加入者に制限されていること、使用者が休業手当を支払い、雇用調整助成金の申請をしないと支給されないこと、手続が煩雑であったり給付額が低い等、多くの問題も残されていた。

　ちなみに雇用保険の加入については、事業規模に関係なくすべての事業に適用されるが（雇用保険法５条１項）、①１週間の所定労働時間が20時間以上であること、②31日以上引き続き雇用されることが見込まれることが要件となっている（同法６条２号・３号）。雇保法制定（1974年）当初は、非正規雇用は雇用保険の適用対象とされていなかったが、1989年法改正で適用対象に加えられ、その後の幾たびかの改正で所定労働時間の短縮や予定雇用期間の短縮が行われてきた[13]。この適用除外の背景には、短時間パートは家計の補助的な働き方で、流

10）この制度の歴史については、濱口桂一郎「雇用助成金の半世紀」季労243号（2013年）106頁以下参照。

11）議論については、労働政策研究・研修機構報告書 No.187「雇用調整助成金の政策効果に関する研究」（2017年）37頁。また、和田肇『労働法の復権』（日本評論社、2016年）31頁以下も参照。

12）活用状況については、労働政策研究・研修機構調査シリーズ No.123「雇用調整の実施と雇用調整助成金の活用に関する調査」（2014年）が詳しい。

13）この間の経緯については、濱口桂一郎『日本の労働法政策』（労働政策研究・研修機構2018年）160頁以下を参照。

図表3-3　雇用調整助成金の仕組み

	本来の雇用調整助成金	緊急対応期間における特例措置
対象事業・生産指標要件	生産が３か月10％以上減少	生産が１か月５％以上減少
対象労働者	雇用保険被保険者	雇用保険被保険者以外の者に拡大（緊急雇用安定助成金）
助成率	2／3（中小企業） 1／2（大企業） 日額上限額8,330円	4／5（中小企業）　2／3（大企業） 解雇等を行わず雇用を維持している場合 10／10（中小企業）　3／4（大企業） 目標上限額は当初8,330円 ６月12日改正で15,000円に引上げ
休業規模要件	短時間一斉休業のみ、 休業規模　1／20（中小企業） 1／15（大企業）	短時間要件を撤廃 休業規模　1／40（中小企業） 1／30（大企業）
手続き（一部）	計画届は事前提出	計画届は事後提出 ５月19日以降は提出不要

動性が高かったり、求人数が多いなどの事情があるが、しかし、今日の雇用実態はかなり変化しており、セーフティネットの拡充という観点からもそれが妥当か、という疑問が出てくる。

　なお、この制度は、保険料を使用者のみが負担する「雇用保険二事業」の一つとして運用されている。

2　コロナ禍と雇用調整助成金

　厚労省の「雇用調整助成金ガイドブック（簡易版）～雇用維持に努力される事業主の方々へ～」によれば、４月１日から６月30日で（６月に中旬に９月30日まで、さらに８月下旬に12月31日までに延長された）の緊急対応期間は、コロナ禍に対する特例として本来の制度とは別の特例措置が講じられている。

　主な内容は図表3-3のようになっている（図表は上記ガイドブックを参考に著者作成）。ここでは、雇用調整助成金のうち休業手当に関係する部分に限定して説明する。６月12日改正後の制度も４月１日に遡及して適用されている。

　概要は次の通りである。

①　対象は、経済上の理由により事業活動の縮小を余儀なくされた事業主である。

②　対象労働者は、本来は雇用保険被保険者に限定されるが、それ以外の者に拡大されている（緊急雇用安定助成金）。これと同時に、本来は6か月以上の被保険者期間が必要であるが、この被保険者期間要件は撤廃される。

③　助成率、目標上限額ともかなりの引き上げが行われている。

④　それまで時間がかかりすぎるとか、手続が煩雑だという意見があったことを受けて、5月19日以降は申請手続の簡素化と算定方法の簡略化が行われている。

3　手続の問題

　雇用調整助成金の申請手続や審査過程は相当複雑である。後述の補論で紹介するドイツの制度では、様式は2葉で、審査は15日以内で行われることになっている（実際にもほぼそのように運用されている）が、それと比較すると複雑さは際立っている。

　審査に必要な書類は、雇用保険被保険者に限っても、支給要件確認申立書・役員等一覧、休業・教育訓練実績一覧表、助成額算定書、（休業等）支給申請書、雇用調整事業所の事業活動の状況に関する申出書（添付書類として生産指標の低下が確認できる書類）、休業協定書、事業所の規模を確認する書類、労働・休日の実績に関する書類、休業手当・賃金の実績に関する書類の9つである。以前は計画届も必要であった。

　支給までの流れは、次のようである。

　　休業に関する労使協定の締結→休業等の実施→休業等の実績に基づき労働局への支給申請→労働局での審査→支給決定

　このように大量の記入書類、証明書類の提出を求められるため企業にとって大きな事務負担となり、厚労省は申請から支給までに最短2週間を目指すとしながらも、実際には1〜2か月かかるケースが多いなどの問題が早くから生じていた。また、雇用調整助成金等オンラインシステム受付システムは開始を予定していた5月20日に個人情報の流出が発覚したため運用を延期し、再度6月5日には不具合が発生したため8月下旬まで運用停止に追い込まれた。

　なお、この間に度々申請手続の簡素化などの改正が行われているが、これが逆に現場を混乱させた。

図表3-4 雇用調整助成金および休業支援金・給付金申請件数の推移（2020年4月～）（単位：万件）

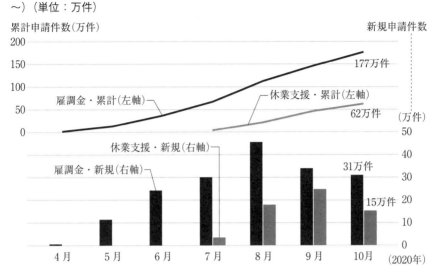

〈出展〉 労働政策研究・研修機構「国際比較統計：雇用調整助成金申請状況」
https://www.jil.go.jp/kokunai/statistics/covid-19/f/f12.html

図表3-5 リーマン・ショック後の雇用調整助成金

	支給決定事業所数（社）	支給決定対象者数（人）
2008年度	4,888	254,181
2009年度	794,016	21,298,449
2010年度	755,716	10,034,336
2011年度	520,326	7,751,093

〈出展〉 厚労省職業安定局・職業能力開発局「リーマン・ショック後の雇用対策の効果の検証」（2012年5月25日）

4 雇用調整助成金申請の実態

　4月以降の雇用調整助成金の申請・決定件数の状況は図表3-4のようになっている（図表の基になっているのは、厚労省が定期的に公表している「雇用調整助成金（新型コロナウイルス感染症の影響に伴う特例）雇用調整助成金の支給実績」である）。

　5月20日前後までは毎週ほぼ5,000件で推移していたが、その後急速に伸び

ている。申請件数に対する決定件数の割合は、ほぼ5割位である。脱稿の関係で確認できた11月5日の数値では、延べ申請件数は1,767,975件、決定件数は1,675,695件となっている。

　以上をリーマン・ショック時と比較しておきたい。図表3-5との比較で、今回も同じくらいの経営状況の深刻度が見て取れる。コロナ禍が長く続き、より深刻になったために、9月上旬に雇用調整助成金の特例措置は12月末まで延長されることが決定され、その後さらに延長がされている。

六　休業支援金・給付金

1　新制度の趣旨と内容

　雇用調整助成金にもいくつかの弱点がある。とりわけ事業所が休業手当を支給することが前提であるため、それがないと労働者の賃金減少が生じていても、何ら補償が得られない点である。また、雇用保険の被保険要件（1週間の所定労働時間が20時間以上であること、31日以上引き続き雇用される見込みがあること）に加えて、労働時間、賃金、その他の労働条件が就業規則や雇用契約書、雇入通知書等に明確に定められているという要件を欠いている場合にも同助成金が支給されない。

　こうした事態に対応するために、6月12日に、休業補償を受けられなかった労働者向けの給付金を創設することを柱とする雇用保険法の臨時特例法が制定され、第2次補正予算として盛り込まれた（財源は雇用安定事業に繰入れられた一般会計）。

　厚労省の説明（HP「新型コロナウイルス感染症対応休業支援金・給付金」）によると、この制度は次のようになっている。

　①　雇用保険法による雇用安定事業として「新型コロナウイルス感染症対応休業給付金」を新たに講じる。この点では雇用調整助成金と類似の事業である。

　②　その対象は、コロナ禍で中小企業（産業毎に資本金、従業員数の要件がある）が休業しながら、期間中（2020年4月1日から9月30日まで）に賃金・休業手当を受けることができなかった者である。休業前賃金の80％（月額上限33万円）を休業実績に応じて支給する。

　③　雇用保険の被保険者でない者に対しても、②に準じた事業を実施できるようにする。

　④　雇用調整助成金と本給付金の制度の安定的な財政運営を確保するために、一般会計からの繰り入れを行う。

　これは、事業主による申請も可能であるが、休業状態にある従業員が労働局・ハローワークに自ら申請して、給付金を受け取れる新しい制度である。コロナ禍の比較的早い時期から、東日本大震災の際にも使われた災害時の「みなし失業[14]」を適用し、離職していないが事業所の休業・業務縮小によって賃金も休業手当ももらえない労働者を、雇用保険の失業給付で救済すべきであるとの意見も出ていたが[15]、雇用保険の財源への懸念などから、結局はすべて国費から支払われる新たな制度が設計された[16]。

2　制度の特徴と問題点

　雇用調整助成金と異なるのは、この給付金は労働者が直接に労働局・ハローワークに申請できる点である。7月10日から郵送による申請が開始されたが、雇用調整助成金制度ほど複雑な手続にはなっていない。

　しかし、この新制度にも懸念がないわけではない。

　第一に、事実上の休業者が企業から休業証明を受け取ることができないケースが出てくる。企業が既に休業状態に陥っている場合には、企業から休業証明を受け取ることは難しい。また、不当に休業手当を支払わなかったことが露見することを怖れる企業は、休業証明を出すことを拒むかもしれない。

　第二に、休業手当だと賃金の40％しか保障されないのに、この制度だと日額に上限がある（1万1,000円）ものの80％まで保障されることになり、両制度が調和的か疑問がある。また、雇用保険に加入していないパート労働者が手当を

14）離職しても経営環境が好転した折には再雇用する約束がある場合には失業給付は得られないが、これを失業とみなし失業給付を行った。

15）たとえば生存のためのコロナ対策ネットワークの「提言：生存する権利を保障するための31の緊急提案」（2020年4月24日）は、休業・失業、住まい、生活保護、女性、外国人、学生、債務問題にわたって提案を行っているが、その中の「④休業労働者に雇用保険の失業給付を支給する」を参照。

16）注15)の提案の中でも「②労働者側から休業補償を請求する仕組みを作る」として同じ提案がされている。

受け取ることに対して、反発する企業、労働者が出てくる可能性がある。この点も踏まえ、同制度はあくまでも危機時の時限的な措置と位置付けられている。この給付金については、延長措置は講じられていない。

3　利用状況

　支給件数と支給決定件数は以下のような状況になっている（厚労省「新型コロナウイルス感染症対応休業支援金・給付金　支給実績」。なお図表3-4も参照）。
　　11月2日までの累計支給申請件数（郵送受付）　616,772
　　11月5日までの累計支給決定件数　　　　　　　434,910
　7月10日に受付を開始し、当初は申請を少なかったが、日を追う毎に急増している。申請手続は比較的簡単であるが、労働者の個人申請ということで、雇用調整金に比べて利用件数は少ない。後掲資料の社会保険労務士への調査でも、この申請を行った経験のある社会保険労務士はいなかった。

七　まとめ

　今回のコロナ禍では、リーマン・ショック以上に大きな被害が生じている。したがって、従来から存在する雇用調整助成金の仕組みにも修正が加えられているし、さらにそれによっても補償が受けられない労働者に対する新たな制度も設計された。このことを考えると、こうした制度は企業の競争力を弱めてしまうので廃止すべきとの一部の経済学者の主張には、賛同できない。経済危機は、原因は自然災害、疫病の拡大（パンデミック）、経済に内在するものなど様々であるが、周期的に来ることは不可避である。
　現在の休業補償制度が十全かというと、改善すべき点も多い。
　第一に、休業時に100％賃金保障をしている企業もないではないが、やはり少ない。それに加えて、休業手当を支給していない事案が、労働相談などから明らかにされている。休業手当を支給していないと、当然に雇用調整助成金の支給はなされない。これは制度上の問題とも言える。
　第二に、雇用調整助成金は雇用保険制度を前提にしているため、短時間あるいは短期間雇用労働者はそもそもその対象から除外されている。そのことが休

業手当の支給に影響を及ぼしている可能性がある。その見直しが必要となる。

　第三に、今回、新型コロナ対策の特例として導入された休業給付金は、この問題を克服するための制度である。こうした制度の必要性は、コロナ禍だけで生じるものではないため、それに対応する新たな雇用保険制度が必要となるだろう。

〔和田　肇〕

資料
社会保険労務士に聞く

　休業手当の支払、雇用調整助成金の申請、新型コロナウイルス感染症対応休業給付金の申請等で相談や実務を行っている社会保険労務士の目から見た、これらの実態とそこから感じ取った問題点を分析した。松田（松宮）和泉さん（三重県社会保険労務士会所属）と竹尾祥子さん（愛知県社会保険労務士会所属）を通じて、以下のような質問を投げかけ、それに回答してもらうという方式で行い、15名の方々に協力して頂いた。全文を掲載したいところであるが、紙幅の関係から著者の責任でまとめさせて頂いた。回答は8月上旬から中旬にかけて集約した。

①社会保険労務士としてどういう相談が多かったか（労働者、使用者、労働組合）
②休業補償、雇用調整助成金申請をどのくらい扱ったか
③その際に感じた疑問
④社会保険労務士として何か感じたこと

①について
　社会保険労務士という性格上、皆さん主として使用者からの相談、申請手続等を行っている。労働者からの相談を受けた方もいたが、数は少なかった。労働組合からの相談はなかった。また、所属会主催の相談会での相談に従事して

72

いる方もいる。

相談内容は幅広く、休業手当（支払うべきか、その計算方法はどうなるか等）、雇用調整助成金（内容の紹介と申請手続等）、テレワーク導入の方法、労働者に出勤命令を出すことができるか、減給、解雇、雇止め、年休取得の方法、従業員がコロナに感染した場合の対処法等、本書で検討しているようなあらゆる労働問題について及んでいる。コロナ禍での外国人技能実習生問題で団体交渉が申し込まれたことについての相談が1件あった。

労働者からの相談は、休業手当関連、解雇の不安、会社を休めないのか、休業期間中に他でアルバイトできるか、等である。

相談時期としては、3月から4月前半は予備知識の相談、問い合わせが多かったが、4月後半から具体的な相談、とりわけ休業措置、休業手当、雇用調整助成金の申請等が急増している。

②について

休業手当や雇用調整助成金等の申請の相談件数を含めて最高で50数社という方がいたが、30社以上という方も数名いた。電話相談が最大で1日に4、5件あったという方もいた。ほとんどの方が実際に申請を行っており、多い方で10数件の申請を行っている。使用者が作成した申請書のチェックを行った方も相当数いた。

逆に思ったほど相談、申請件数はなかったと回答している方もいる。

③について

皆さんが様々な感想や疑問を持っていることが回答から分かった。多くは、疑問や戸惑いであり、緊急時の制度設計とは言え、今後に向けて考えさせられる指摘が多かった。

その中で最も多かったのは、厚労省のホームページや申請様式が目まぐるしく変わり、労働局に相談、質問しても埒があかないことが多いという意見である。ほとんどの方からこうした意見が聞かれた。要件緩和のマスコミ報道が先行し、行政の担当者にも戸惑いが多かったようであるが、現場で実務を担っている社会保険労務士の方にとっては大きなストレスになったようである。

経営状況が厳しい企業にとっても申請は重要で、早くから真剣に経営計画を立てている企業にとって不利となるケースもあり（後からより有利な支援策が出

てきた）、一貫性や明確性が必要であると実感しているようである。具体的には、5月19日の様式変更で、役員報酬も所得税徴収高計算書の給与額に参入して良いこととなったが、こうしたことによって雇用調整助成金（特例）は雇用保険制度と合致しないのではないかとも疑問を持った、という意見があった。なお、変更点でも途中から計画届が不要になった点は評価できる、との意見もあった。

　その次に多かったのが、申請書類等が簡便になったが、それでも要件が厳しい、あるいはまず休業手当を支払わないと雇用調整助成金制度を利用できないなど、中小企業にとっては利用しづらい面がある、という意見であった。逆に、休業をしたところでは雇用調整助成金が利用できるが、頑張って休業をしないところでは利用できなく、出勤させるモチベーションが下がるのではないか、という相談者の意見があったと紹介している回答があった。

　それと並んで多かったのが、休業給付金についてで、雇用保険に加入しなくても救済される制度ができ、従来の制度との整合性がとれていないのではないか、という疑問が多く寄せられている。休業手当では補償が平均賃金の60%なのに、新規の休業支援金・給付金では賃金の80%、小学校休業助成金では100%が支給され、雇用調整助成金との不公平感がある、緊急雇用安定金について前年度実績を確認する書類を出す必要がなく、不正利用になってしまうのではないか、当初雇用調整助成金の限度額が8,330円に設定されていたが、それが引き上げられたとしても失業をさせて基本手当を受け取る方が有利になってしまい、制度としておかしいのではないか、といったシステム設計上の不備を指摘する意見もある。

　その他の意見として、耳当たりの良い助成金を相次いで設計し、公表しているが、場当たり的ではないか、ポスト・コロナのことを考えているのか、コロナ対応の緊急措置は体力がない零細、小規模事業所向けのものに限定した方が良いのではないか、要件を緩和したが、良心的な社会保険労務士をきちんと頼りにしないと、いい加減な申請が増えてしまう危険があるのでは、といった疑問、意見も聞かれた。

　なお、同じ制度の利用でも、たとえば雇用調整助成金の条件である5%以上の売り上げの低下について、厳しいとの評価と緩すぎるとの評価が混在してお

り、その点は興味深かった。その他、休業のあり方、雇用調整助成金制度、休業支援金制度等についても、評価する意見と批判的な意見など、相反する評価が聞かれた。

　④について

　回答の中で多くの興味深い意見や注文が寄せられている。その多くは複数の回答者から寄せられている意見である。順不同であるが、紹介しておきたい。

　＊自らの経営が個人経営であり、この機会にそのあり方を検討する機会になった。

　＊業種によっては、緊急事態宣言時よりも状況が悪化しており、今後、今以上に休業や失業が増えるのではないかと心配している。

　＊雇用保険未加入者をも対象とした救済制度はおかしいのではないか。コンプライアンスや働くモチベーションという観点からも問題があると思う。

　＊今回の救済制度（特に小学校休業助成金）では、男性従業員も休めた点で良い面もあったが、子供のいない人や仕事を休めない人には不興であった。

　＊様々な支援金や助成金が出されているが、こうした助成金に安易に頼ってしまう企業では、この状況が長引くことが予想される中で、自社の資源を活用して乗り切っていく模索を遅らせてしまう面があるのではないか。

　＊働き方改革が叫ばれていたが、コロナ禍で真剣にそのことを考える企業にとってもリアルになり、働かせ方・休ませ方改革につながっている印象がある。

　＊コロナ禍で企業の対応力・機動力が一層強く求められるようになっているが、それに十分に対応できる社会保険労務士はどれくらいいるのだろうか、社会保険労務士の社会的責任がさらに求められていくことを実感した。

　＊通常からの問題でもあるが、中小企業では労働法が浸透していないところや、必要な書類がきちんと整理されていないところがあり、今回のような危機でそれが一気に噴き出したことを痛感している。

　＊休業手当の支給等の法的な考え方について、相談者に説明するのに難しい問題がある。労働法教育が労働者だけでなく、企業経営者、人事担当者らにも必要なのではないか。

　＊助成金の制度が拡充されたのはよいが、結果的に休業をせずに頑張っているところ、雇用保険にきちんと加入させているところが報われないような制度

には疑問がある。この意見が多く聞かれた。

　アンケートを読んで多くのことを教えられ、考えさせられた。今回のコロナ禍は、全く予想外の出来事であったために、行政も実務担当者も多くの問題に直面した様子が手に取るように伝わってきた。しかし、こうした災害は本当に予想外のことなのだろうか。この数十年を取ってみても、大震災が何回かあり、経済恐慌が2回あったのだから、予想外という言い訳は通用しないのではないだろうか。制度設計の不備など、根は意外と深いようである。

〔和田　肇／社会保険労務士〕

補論

ドイツの操業短縮手当

1　メルケルの覚悟

　ヨーロッパではイタリアのミラノから始まった新型コロナウイルスのパンデミックが、ドイツにも波及し[17]、メルケル首相もロックダウン（国内全域における営業と接触制限）に踏み切らざるを得なくなった。個人の行動を大幅に制限する厳しい措置（違反者に対する罰金付）が採られることになったため、滅多に自らはテレビに出ない首相が3月18日に、国民に理解と協力を求める演説を行った。そこで行った次のような発言が、世界中で注目を浴びた。

　「現在の喫緊の課題は、ドイツに広がるウイルスの感染速度を遅らせることです。そのためには、社会生活を極力縮小するという手段に賭けなければならない。これは非常に重要です。……今は、人々を危険にさらしかねないこと、個々人あるいは共同体にダメージを与えかねないことをことごとく縮小していかねばならないのです。人から人への感染リスクをできる限り抑えていかなければなりません。」

17）厳密に言うと、1月下旬に中国人と接触したドイツ人が最初の感染者で、その後同じ会社に勤務している者や武漢からの帰国者の中から見つかっていたが、2月下旬から本格的な拡大が起きた。

　「連邦と各州が合意した休業措置が、私たちの生活や民主主義に対する認識にとりいかに重大な介入であるかを承知しています。これらは、ドイツ連邦共和国がかつて経験したことがないような制約です。……こうした制約は、渡航や移動の自由が苦難の末に勝ち取られた権利であるという経験をしてきた私のような人間にとり、絶対的な必要性がなければ正当化し得ないものなのです。民主主義においては、決して安易に決めてはならず、決めるのであればあくまでも一時的なものにとどめるべきです。しかし今は、命を救うためには避けられないことなのです。」

　　（ドイツ大使館訳、https://japan.diplo.de/ja-ja/themen/politik/-/2331262）

　メルケル首相は、ハンザ同盟の一員である旧西ドイツの港湾都市ハンブルクで生まれ、牧師だった父の仕事の関係で幼児期に旧東ドイツに移住し、その後そこで育っている。「私のような」とは、旧東ドイツの国民が外国への渡航を制限されていた社会環境を意味している。コロナウイルス禍が営業の自由や移動の自由を大きく制限することになる。

2　ドイツの操業短縮手当──雇用調整助成金のモデル

　ここではドイツの操業短縮手当・操短手当（Kurzarbeitergeld：Kug）の話をするが（文字通りに訳すと短縮労働者手当）、日本の雇用調整金に似ているというだけでなく、それは日本のモデルになった制度でもある。[18]

　（1）　ドイツの操短手当は、経営危機時に雇用を維持しながら、事業所の通常の労働時間（労働協約で定められていることが多い）を短縮し（全面および部分休業）、その分労働者の賃金が減少するのを補塡する制度である（社会法典Ⅲ95条以下を参照）。導入されたのは古く、1927年に制定された、公的な労働市場政策の嚆矢となった「職業紹介・失業保険法」（Gesetz über Arbeitevermittlung und Arbeitslosenversicherung）においてである。同法は1969年に「就業促進法」（Beschäftigungsförderungsgesetz）に取って代わられるが、操短手当制度は維持

18）ドイツの新型コロナ対策については、「〈レポート〉ドイツ　『操業短縮手当の要件緩和』や『個人事業主・零細企業への給付金支援』を実施」Business Labor Trend 2020.7、10頁以下、緒方桂子「新型コロナウイルス災禍における労働者の休業とその補償──ドイツ及び韓国の場合」労働総研ニュース364号（2020年）1頁以下も参照。

図表3-6　操業短縮手当の申請者数の推移（1989年〜2019年）（単位・千件）

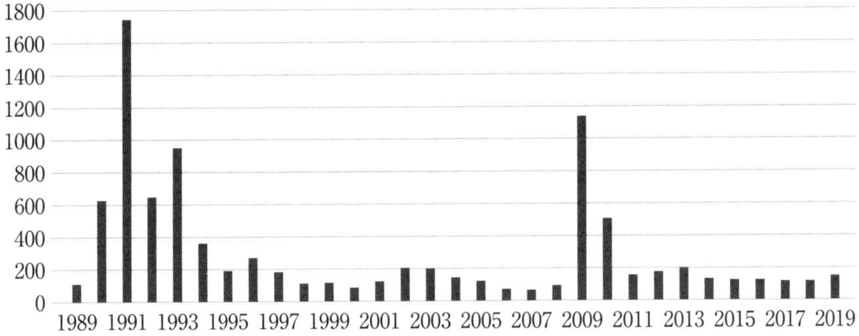

〈出典〉　Bundesagentur für Arbeit, Anzeigte und realisierte Kuryarbeit（2020）より作成

された。それが大きな機能を発揮したのは1970年代初めのオイルショック後のことで、失業率をある程度抑えるのに寄与した。また、90年の両ドイツ統一後には、旧東ドイツの経済構造改革に役立っている（1991年の利用者は176万人）。2000年代に入ってからハルツ改革においてもこの制度は存続し、リーマン・ショック時の08年から翌年にかけての雇用安定化に大きく貢献した[19]（2009年の利用者は114万人）。そして、今回再びその役割が注目されている（図表3-6参照）。

　ドイツの制度には、日本の雇用調整助成金制度と共通している点と異なる点がある。共通するのは、対象が失業（雇用）保険加入者に限定されていること（失業保険から支給されるため）[20]、雇用が維持されながら休業措置あるいは操短の措置が講じられるのを前提としていること[21]、公的機関（日本では労働局・ハローワーク、ドイツでは連邦雇用エイジェンシー・ジョブセンター）に申請することな

---

19)　ドイツの制度や運用実態等については、経済社会研究所（WSI）前所長ザイフェルトが貴重な情報を提供してくれた（Hartmut Seifert, Kurzarbeitergeld vom 5. Juni 2020, Kurzarbeitergeld in Deutschland: Funktionsprinzip und Regelungstrukturen vom 20. August 2020）。また、「操業短縮手当の支給要件を緩和へ」労働政策研究・研修機構 HP.（調査研究成果・海外労働情報・国別労働トピック：2020年 3 月）、「操短手当の申請、70万人突破」同2020年 4 月、「操業短縮手当の補填率、引き上げへ」同2020年 6 月等も参照。

20)　なお、こうした不備を補填するものとして、被用者保険資格のない労働者（ミニジョブ従事者）やフリーランスに対して即時支援金の支給を行っている。詳しくは第 6 章で述べる。

21)　一部労働者の解雇は必ずしも不可能ではないが、ドイツでは当初予定していた労働者が解雇された場合には後にその手当が減殺される。

どである。異なるのは、日本の場合は使用者がまず休業手当を支給し、後にそれが雇用調整助成金という形で補填されるが、ドイツには休業手当のような制度がなく、操業短縮による労働者の賃金減少を補填する制度であること、ドイツでは事業所・会社のみならず、従業員代表機関である事業所協議会（Betriebsrat）にも申請権がある点などである。また、法律上は操短手当請求権は労働者にあるとされているが、操短手当はいったん会社に支給されて、会社は操短手当の支払代行機関としてそこから労働者に支払われる。[22]

今回の新型コロナウイルス禍は、ドイツでも稀有な異常事態と考えられており、従来の制度を次のように大幅に変更して対処している。そのため 3 月13日に法律改正を行い、時限立法を制定している。

①　操短の対象となっている労働者が、本来は事業所内の 1 ／ 3 以上であるが、今回はこれが 1 ／10に引き下げられている。

②　支給期間が本来ならば最長12か月であるが、昨年の経済危機のために2019年12月31日までにすでに操短手当を申請していた労働者（自動車部品産業など）については、特にコロナ禍の影響が深刻であるため2020年12月末日まで21か月に延長されている（ 4 月16日の政令）。

③　操短手当額は、減少した賃金（手取り）分の60％（子供がいる場合67％）であるが、2020年末までの臨時措置として、 4 か月以降は70％（同77％）、 7 か月以降は80％（同87％）に引き上げられている。

④　期間雇用である派遣労働者には本来支給されないが、リーマン・ショックの時と同じく今回も対象となっている。

⑤　操短手当に関わる社会保険料分は、全額分を連邦雇用エイジェンシーが肩代わりする。

(2)　今回の緊急事態に合わせて申請書類は 2 枚の様式に簡略化され、同時に連邦雇用エイジェンシーにおける審査も、重箱の隅（Falaschenhal）を突くようなものではなく簡略化されている。[23]また、連邦雇用エイジェンシーは、「多くの申立ては15日以内で処理することができるだろう。現在の業務量は急増しており、処理は厳しくなっているが、当局の労働者たちは可能な限り迅速で非

---

22) Thorsten Schulten,／ Torsten Müller, Kurzarebitergeld in der Corona-Kriese, WSI Plicy Brief Nr. 38 04/2020.

官僚的（unbürokratisch）に書類を審査し、前向きな返答をするよう全力を尽くす」と言明している[24]。具体的には申請を信用し、受給資格の確認等を慎重に行うものではないことを指している。その背景には、「濫用を認めるより遺漏を許すことをしない」という、ドイツの社会政策の基本哲学があると言われている。また、迅速な事務作業のため、他部署からの応援を依頼して人員を通常の14倍の8,500人に増員し、ドイツでは珍しく週末も含めた交替制で対応している。

（3）8月下旬に連立政権を構成する保守党（CDU／CSU）と社民党（SPD）の間で、特例措置を2021年12月末まで延長する合意が成立し、延長されている。政府は、コロナ禍の収束が見えず、依然として多くの事業所が閉店・操業停止や操短を行っており、こうした状態が2021年一杯続くと予想した結果である。その間にもできるだけ雇用が維持され、大量失業が生まれることを回避したいと考えている[25]。こうした措置について、労働組合からは好意的に受け取られている反面で、企業の構造改革を送らせてしまうのではないかという疑問も出されている。ドイツを含めヨーロッパでは、長い休暇明けの8月下旬から再び感染者が増加し、現在それが急増している。

3 利用状況

利用状況は図表3-7の通りである。リーマン・ショック時と同じように利用者が急速に増えている。

4 EUの制度

ところで、こうした制度はドイツに限ったものではなく、他の多くの国でも導入されている。古くからのEU加盟国では相当の歴史があり、新加盟国（ブ

23）申請書には、操短手当を申請する労働者の名前と住所、申請する事業所あるいは部門の性格、申請する期間、操短する労働者数、短縮する労働時間数、操短による損失利益の概算と操短労働者の医療・介護保険関係を記載する。また、通常だと審査手続は3か月以内に行うことになっている（社会法典第3編325条）。ver.di, Krzarbeit in der Corona-Krise, Inforamtionzur neuen Rechtslage bei Kurzarbei を参照。

24）Bundesagentur fur Arbeit, Fragen und Antworten zum Thema Kurzarbetergeld. 官僚的とは、規則に拘泥した役所仕事をいうが、この言葉は公文書で常套文句として使われている。

25）2020年10月16日の「コロナ禍における就業安定法（Beschäftigungssicherungsgesetz）政府草案」。

Caligraphy

図表3-7　ドイツの操業短縮手当の推移（2020年）（単位・万人）

	新規申請件数	新規申請対象者数
1月	1,920	45,115
2月	2,031	42,206
3月	163,640	2,639,866
4月	624,977	8,025,939
5月	72,021	1,142,293
6月	24,355	388,619
7月	14,726	256,940
8月	8,507	171,668
9月	8,118	109,585
10月	7,834	98,309

〈出展〉 労働政策研究・研修機構「国際比較統計：雇用調整助成金申請状況」
https://www.jil.go.jp/kokunai/statistics/covid-19/f/f12.html#f12-de

ルガリア、ポーランド、チェコなど）ではリーマン・ショック時に導入された。[26]

①　その補償額（喪失した賃金の補填割合）は次のようになっている。

手取りベースで算出する国

アイルランド：100%　　オーストリア：80-90%

フランス：84%　　ドイツ：60-67%

名目賃金ベースで算出する国

デンマーク、オランダ：100%　　スウェーデン：92.5-96%

イタリア：80%　　ベルギー：70%

②　支給期間は、次のようになっている。概して給付額が多いところは短期で、少ないところほど長期になっている傾向がある。また、コロナ禍への他の対策との組合わせでも、期間は異なっている。なお、日本では期間制限がない。

デンマーク、アイルランド、オランダ：最長3か月（デンマーク以外では1

---

26) Schulten/Müller, a.a.O（F.n.22）.

回のみ 3 か月間の延長が可能）

　　　スウェーデン：最長 6 か月（ 1 回 3 か月、延長可能）

　　　ドイツ、ベルギー：最長12か月

　③　デンマーク、フランス、オーストリア、オランダ等では、手当支給中の解雇を禁止する法律があるが、ドイツでは解雇は禁止されていない。

　以上からは、内容や手続には異なる点もあるが、雇用調整助成金のような制度で失業者をできるだけ抑える政策は、先進国にかなり共通する制度であることが分かる。

〔和田　肇〕

第4章

テレワークの意義と可能性

はじめに

　2020年1月中旬、日本国内で初めて新型コロナウイルス感染症（以下、「COVID-19」）の感染者が確認された。それ以降、COVID-19の感染者数は増加し、4月7日には、いわゆる緊急事態宣言が政府により発出された。その後、5月25日には緊急事態の解除が宣言されたものの、COVID-19の拡大収束の見通しは立っていない状況といえる。

　COVID-19の拡大は生活のあらゆる面に影響を与えた。日本経済がCOVID-19拡大前の状況に戻るには数年を要すると言われている。また、日常生活の面ではいわゆる3密回避、社会的距離（ソーシャル・ディスタンシング）を確保した生活、マスク着用必須の生活を当分の間は要請されざるを得ない状況にある。

　COVID-19の拡大は働く人にも大きな影響を与えた。その一つがテレワークの実施である。政府は、COVID-19の拡大以前から長年にわたりテレワークの推進を行ってきたが、効果はあまり出ていなかった。しかし、COVID-19の拡大防止対策として政府はテレワーク（ここでは主に在宅勤務が想定されている）を強く推進し、一挙に拡大、その後もさらなる推進強化を図っている。

　政府が推進するテレワークとは何か。総務省の定義によればテレワークとは「ICT（情報通信技術）を利用し、時間や場所を有効に活用できる柔軟な働き方」である。この働き方は企業にも労働者にもメリットのある働き方として推進されてきたが、緊急事態解除宣言後のテレワークに対しては、企業および労働者双方にとってメリットだけでなくデメリットも明らかになっている。企業のテレワークの継続についての対応も分かれ、労使ともにテレワークに対する意識、

対応は多種多様である。テレワークという働き方を評価することやテレワークを積極的に推進するべきかどうかの判断は、正直なところ容易ではない。

テレワークの推進自体はCOVID-19拡大前から長年行われており、目新しいものではない。しかし、COVID-19拡大前後でテレワークをめぐる状況は大きく異なる。COVID-19拡大以前、テレワークは特定の業種（特に情報通信業）に多く、テレワーク制度があって育児や介護の必要がある場合に利用が限られるなど、その適用対象となる労働者は限られていた。他方、COVID-19拡大以降のテレワークはあらゆる業種で拡大し、これまでテレワーク制度を利用できなかった労働者にも広く利用が認められるようになってきた。その意味で、テレワークは、COVID-19拡大以降、労働者にとってより身近で現実的な働き方となったといえる。

そこで、本章では、COVID-19拡大以降のテレワーク推進に関する政府の動向、テレワークの実態をふまえて、あらためて、テレワークはどのような意義を持つのか。それがはらむ問題は何かについて、整理、検討を試みる。なお、テレワークの類型には在宅勤務、サテライトオフィス勤務、モバイルワークがある。ここでは、特に断りのない限り、テレワークという用語は在宅勤務のみを指すものとする。また、自営型テレワークは含まない[1]。

一　テレワーク推進に関する政府の動向——COVID-19拡大後の状況

政府はテレワークをどのようなものととらえ、どのような目的で推進しているのか。COVID-19拡大後を中心に確認しておきたい。COVID-19拡大前に「働き方改革実行計画」（2017年3月28日）にテレワーク推進が盛り込まれ、関係施策が行われている（具体的には2018年2月22日「情報通信技術を利用した事業場外勤務の適切な導入及び実施のガイドライン」（以下、「テレワークガイドライン」）が策定された）。政府は、テレワークをICTを利用した時間や場所にとらわれない柔軟な働き方ととらえ、一定の経済効果の見込み、ワーク・ライフ・バランス（以下「WLB」という）の向上、労働力人口減少への対応を推進目的としてきた。

---

1) サテライト勤務、モバイル勤務についての論点整理として、山川和義「サテライト・モバイルワーク——雇用型テレワークと労働法上の課題」ジュリ1522号（2018年）82頁以下を参照。

　政府はいろいろな効果（メリット）をアピールしながら長年かけてテレワークを推進してきたが、あまり普及してこなかった。COVID-19拡大防止対策としての呼びかけによって、ようやくテレワークが本格的に広く実施されるにいたったが、政府はこれを機に、比較的早い段階から、テレワークを COVID-19拡大の終息後の働き方として強く勧めようとしている。

　2020年 2 月末の COVID-19拡大を受け、政府は、 3 月10日の「新型コロナウイルス感染症に関する緊急対応策　第 2 弾」（以下、「第 2 弾」）では感染拡大防止策としてテレワークや時差出勤の呼びかけ等を要請することを示した。なお、第 2 弾では学校の休業要請にともなって、感染拡大防止のほか、COVID-19拡大を機に、子育てと家庭の両立のためのテレワークをより拡大させようともしていた。

　その後、 4 月 7 日に緊急事態宣言が出され、同日閣議決定された「新型コロナウイルス感染症緊急経済対策～国民の命と生活を守り抜き、経済再生へ～」では、テレワークは COVID-19拡大収束後の経済対策「V字回復フェーズ」にとりあげられた。そこでは、COVID-19拡大の影響でテレワークやリモートサービスへのニーズの高さが浮き彫りになったとした上で、「Society 5.0 の実現を加速していくためにも、まさに、今回の危機をチャンスに転換し……社会変革を一気に加速する契機としなければならない。」と示し、「次の段階としての官民挙げた経済活動の回復、地域活性化のため」にワーケーションの推進も明示した。

　その後、 5 月26日に緊急事態宣言が解除され、外出自粛要請も緩和されていった。その間、政府は、「世界最先端デジタル国家創造宣言・官民データ活用推進基本計画の変更」（7 月17日閣議決定）で、COVID-19拡大阻止に向けた IT活用とデジタル強靭化による社会構造の変革・社会全体の行動変容を進める必要があるとした。そして、テレワークをはじめとしたリモート対応の常態化・高度化が、時間や場所を有効に活用できる新しい働き方の定着、一極集中の是正、地域の再興等を進めること、今回の COVID-19拡大のように、ひとたび感染が拡大した場合の被害・影響が地球規模で甚大なもの（テールリスク）が十分に起こりうることを前提として、テレワークの活用が感染拡大の防止と経済社会活動の維持の両立等を可能とすることなどが示されている。

　政府の考えるテレワークは、COVID-19拡大以前から一貫して、ICT（リモート対応）を利用した時間や場所にとらわれない柔軟な働き方であり、政府は、テレワークを今後も継続的に強く推進する姿勢を見せている。なお、緊急事態宣言発出前から政府のテレワーク推進の主な目的が、COVID-19拡大防止対策というよりも働き方改革の実現に向いているようにみえる点は、拙速に過ぎたように思われる。政府がCOVID-19拡大防止対策としてのテレワークの重要性を軽視していたとはいわないが、収束を見せない状況下では、まずCOVID-19防止対策としてのテレワークを適切に実施・推進することに注力すべきであった。

二　テレワークの現況——COVID-19拡大前後の状況

1　テレワークの導入状況

　テレワークの実施状況はCOVID-19拡大前後で大きく変化した。COVID-19拡大以前の状況について、総務省「令和元年通信利用動向調査の結果」（2020年5月29日。以下、「総務省調査」）と国土交通省「平成31年度（令和元年度）テレワーク人口実態調査」（2020年3月。以下、「国交省調査」）をもとにみておきたい（両調査におけるテレワークにはサテライトオフィス勤務、モバイルワークが含まれる）。まず、テレワークの導入企業割合の推移をみると、東日本大震災のあった2011年[2]の9.7％以降おおむね上昇傾向にあり、2019年は20.2％であった（総務省調査）。産業別の導入割合をみると、情報通信業が46.5％、金融・保険業が40.7％と相対的に高く、サービス業・その他が16.5％、運輸・郵便業が11.7％と低かった（総務省調査）。また、企業規模が大きい方がテレワークの導入割合は高かった（1,000人以上規模の企業では32.0％、1～19人規模の企業では11.1％。国交省調査）。

　次に、COVID-19が拡大以後の動向をみたい。独立行政法人日本労働政策研究・研修機構による「新型コロナウイルス感染症が企業経営に及ぼす影響に関

2）東日本大震災において、地震、計画停電、鉄道の運行削減・運休等をふまえ、一定期間社員に対し自宅待機や在宅勤務を指示する企業が多くあり、テレワークは事業継続、節電対策を中心に活用がされた（「平成23年版情報通信白書」参照）。

する調査──（一次集計）結果（2、3、4、5月の変化を6月に調査・企業調査）」
（以下「企業調査」という）によると、テレワーク（在宅勤務）の実施割合は
COVID-19拡大初期の2月で5.3％だったが、3月には19.8％、緊急事態宣言
の発出期間が含まれる4月が47.1％、5月は48.1％と大幅に増加した。これを
産業別の実施率でみると、情報通信業がもっとも高かった（5月92.8％）。情報
通信業はもともとテレワーク実施率が高い産業だが、2月の実施率は14.6％に
とどまっており、大幅な伸び率といえる。次いでサービス業（5月55.7％）、卸
売業（5月54.5％）が5割を上回っている。他方、小売業（5月19.0％）、運輸業
（5月27.0％）は低い割合となっており、やはり産業ごとにばらつきがみられる。

　また、2月から5月の実施率の差に注目すると、どの産業も4月および5月
の段階で大幅に実施率が伸びている。COVID-19拡大以前、企業がテレワーク
を導入しなかった理由として「テレワークに適した仕事がないから」（総務省調
査では74.4％が回答）が挙げられていた。他方、企業調査結果をみると、これま
でテレワークを実施してこなかった産業でも必要に迫られればテレワークを実
施できることを表しているように思われる。なお、企業規模が大きい方が実施
割合は高くなっている状況はCOVID-19拡大前と変わりはない。

2　テレワークの実施状況と頻度

　テレワークの実施状況について、独立行政法人日本労働政策研究・研修機構
「新型コロナウイルス感染拡大の仕事や生活への影響に関する調査──（一次
集計）結果（6～7月の変化を中心に8月に調査・4月からの連続パネル個人調査）」
（以下、「個人調査」）によれば、COVID-19拡大問題発生前の通常月にテレワーク
を「行っていない」と回答した者は73.1％であった。他方、COVID-19拡大問
題発生後の4月の第2週は25.2％、5月第2週は5.7％と、緊急事態宣言発出
期間中、労働者の9割以上がテレワークを行っている。そして、緊急事態の解

---

3) 2020年7月16日公表（https://www.jil.go.jp/press/documents/20200716.pdf）。
4) 2月と5月の導入率をみると、たとえば製造業は3.6％から42.5％、建設業は4.0％から44.4％とな
　っており、現場に出る必要性の高い産業でもテレワークの実施が拡大されている（企業調査）。
5) 2月と5月の導入率をみると、100人未満企業は3.9％から35.9％、100から299人以下企業は6.5％
　から58.5％、300人以上企業は13.0％から81.4％となっている（企業調査）。
6) 2020年8月26日公表（https://www.jil.go.jp/press/documents/20200826.pdf）。

除宣言が出された以後の状況をみると、テレワークを「行っていない」と回答した者の割合は5月の最終週が25.8%、6月の第4週が43.4%、7月の第4週では51.2%と上昇している。緊急事態宣言の解除をきっかけにテレワークを実施しなくなる者も多かったが、他方でその後もテレワークを継続している者も少なくない。テレワークの継続についての企業のテレワークへの対応が二極化しつつあるといえる。

　次に、テレワークの実施頻度についてみると、週3日以上のテレワークを実施している者の割合は、緊急事態の解除宣言発出後に割合は低下しているものの、COVID-19拡大問題発生前よりも上昇した数値を維持している（COVID-19拡大問題発生前の通常月15.9%、4月の第2週48.3%、5月の第2週61.7%、5月の最終週50.0%、6月の第4週35.1%、7月の第4週28.7%）。緊急事態宣言発出期間中のテレワークの頻度は全体的に高かったといえるが、緊急事態の解除宣言以降、テレワークの頻度についても二極化傾向に向かっていると思われる[7]。

3　テレワークの実施職種、効果、問題点等

　COVID-19拡大以降のテレワークの実施職種、効果、問題点等について、複数の調査から整理しておきたい。まず、職種別の実施状況について楽天インサイトの6月調査[8]によれば、ITエンジニア（システム開発・SE・インフラ）（46.9%）、企画・マーケティング系（43.1%）、クリエイティブ系（41.3%）が相対的に高い割合となっており、製造（工場など生産現場の従事者）（4.4%）、福祉・介護専門職（4.65）、医療系専門職（医師・看護師）（2.2%）と、現状において現場作業や対面が必須の職種での実施割合は低い。テレワークで行える業務ではない場合、テレワークの実施は進んでいない。この結果は、テレワークをしていない理由の回答で「テレワークで行える業務ではないこと」との回答割合が高いこととも関係していると思われる[9]。

　次に、テレワークの効果や問題点（メリット・デメリット）についてみておき

---

7) 週に1から2日と週に5日以上の実施が相対的に高い割合を占める傾向がみてとれる。週に1から2日実施は通常月11.1%、5月の第2週32.6%であり、5日以上実施は通常月11.9%、5月の第2週35.0%となっている（個人調査）。
8) 楽天インサイトによる「在宅勤務に関する調査」（6月5日実施）（https://insight.rakuten.co.jp/report/20200612/）。

たい。東京都調査[10]によれば、テレワークの導入によって「従業員の通勤時間、勤務中の移動時間の削減」（91.3%）、「非常時の事業継続に備えて（新型コロナウイルス、地震等）」（88.0%）、「その他通勤に支障がある従業員への対応」（68.7%）、「育児中の従業員への対応」（64.6%）に効果があったと回答する企業が多い。他方、問題点について、2020年3月に実施された国土交通省「新型コロナウイルス感染症対策におけるテレワーク実施実態調査」（労働者対象）[11]によれば、テレワーク（在宅勤務）を実施してみて問題があったと回答した割合は72.2%であった。また具体的な問題としては、「会社でないと閲覧・参照できない資料やデータなどがあった」26.8%が最も高く、次いで「営業・取引先等との連絡・意思疎通に苦労した」9.2%、「同僚や上司などとの連絡・意思疎通に苦労した」9.7%と連絡・意思疎通に関する問題が挙げられた。これらの問題点は、テレワークをあらかじめ制度化して対応すれば解決しうるものと思われる。また、連合の調査[12]によると、通常の勤務よりも長時間労働になることがあったとする回答が半数を超えており（51.5%）、時間外・休日労働をしたにも関わらず申告していない者が65.1%いた。この申告をしなかった理由として、「申告しづらい雰囲気だから」（26.6%）、「時間管理がされていないから」（25.8%）が挙がっており、労働時間管理に関する問題が生じていることがわかる。

　その他のメリット・デメリットについて連合の調査[13]をみると、「通勤時間がないため、時間を有効に利用できる」（74.6%）が主なメリットとして挙げられ、「自由な服装で仕事をすることができる」（48.0%）、「自分の好きな時間に仕事をすることができる」（25.6%）、「好きな場所で仕事ができる」（19.8%）メリットとして続く。他方、デメリットには「勤務時間とそれ以外の時間の区別が

9）COVID-19拡大前の調査として総務省調査、パーソル総合研究所「第三回・新型コロナウイルス対策によるテレワークへの影響に関する緊急調査」（2020年5月29日から6月2日調査）（https://rc.persol-group.co.jp/research/activity/files/telework-survey3.pdf）参照。

10）東京都「テレワーク導入実態調査」（6月30日調査、以下「東京都調査」という）（https://www.metro.tokyo.lg.jp/tosei/hodohappyo/press/2020/09/14/documents/10_01.pdf）。

11）国交省調査25頁以下に掲載。調査期間2020年3月9日から10日。

12）連合「テレワークに関する調査2020」（2020年6月30日発表。調査期間2020年6月5日から9日）（https://www.jtuc-rengo.or.jp/info/chousa/data/20200630.pdf?32）。

13）前掲注12）。

つけづらい」(44.9％)、「運動不足になる」(38.8％)、「上司、同僚とのコミュニケーションが不足する」(37.6％)、「適正な評価が行われるのか不安」16.6％等が挙げられている。これらのメリット・デメリットには、通勤時間の削減のようなテレワークに必ず伴うものもあるが、評価のあり方のようにテレワークに必ずしも伴わないようなことも含まれている点には留意が必要である。また、仕事の効率化に関する項目はメリット・デメリットのいずれにも挙がっている。テレワークを実施したからといって必ずしも仕事が効率化するわけではないといえる。

　なお、今後もテレワークの継続を希望するという回答割合は、労使ともに高い状況にある[14]。

4　COVID-19拡大後のテレワーク──原則テレワークか原則出社か

　COVID-19拡大後の企業の対応は、原則テレワークと原則出社とに二極化しつつある。たとえば、カルビーは2020年7月1日からオフィス勤務者約800人を対象に原則テレワーク（モバイルワーク）とした[15]。柔軟な働き方の推進のため完全フレックス勤務制が導入され、単身赴任の解除も行われた。カルビーはこの制度の導入によって、「業務遂行の質やスピードを上げることで、成果を追及することになります。」とテレワークが生産性向上に寄与するものと位置づけている。

　他方、原則出社に回帰する動きをみせるのは、伊藤忠商事である。COVID-19拡大状況をにらんで原則テレワークとしていたが、2020年9月からは「商人は人と合うのが基本」であるとして原則出社とし、COVID-19の感染不安対策を講じつつ、出社比率を高めている[16]。

---

14)　テレワーク継続の希望割合は、企業側の調査として東京都調査80.4％、労働者調査として、前掲注12)連合の調査81.8％。
15)　「Calbee New Workstyle」の実施（https://www.calbee.co.jp/newsrelease/200625b.php）。
16)　日経ビジネスコラム2020年9月25日参照（https://www.nikkei.com/article/DGXMZO64132430T20C20A9000000/）。

三　テレワークの定義、性質、課題の整理

1　テレワークの定義

　COVID-19拡大防止対策としてテレワークが広く実施され、その効果やメリット・デメリットがCOVID-19拡大以前と比べていっそう明確になった。それを踏まえて、政府のいうテレワークの定義の問題点を指摘し、テレワークの定義を改めて整理しておきたい。

　法律上、テレワークの定義はないが、政府は、COVID-19拡大前後を一貫して、テレワークを次のように定義し、推進してきたといえる。テレワークとは「情報通信技術（ICT = Information and Communication Technology）を活用した時間や場所を有効に活用できる柔軟な働き方」（厚労省「テレワーク総合ポータルサイト」参照）で、テレワークは時間や空間の制約にとらわれることなく働くことができる（「働き方改革実行計画」）ものである。そのようなテレワークには多様なメリットがあるとされている。企業には業務生産性の向上、新規雇用・離職防止、コスト削減／節電、事業継続性の確保（BCP（Business Continuity Plan））の効果が、労働者にはWLBの向上、通勤時間の削減の効果が、また、社会には労働力人口の確保、地域活性化、環境負荷の軽減などの効果をもたらすとされている。テレワークは企業、労働者、社会のすべてによい効果をもたらす、夢のような働き方である。

　しかし、現実に導入・実施されるテレワークは、必ずしも時間や空間の制約にとらわれない働き方とはならない。これは、COVID-19拡大防止をきっかけに実施されたテレワークのデメリットとして「勤務時間とそれ以外の時間の区別がつけづらい」ことが挙がっていたことや、通常の勤務よりも長時間労働になることがあったとする回答も多かったことをみれば明らかである。また、COVID-19拡大対策のテレワークの多くが在宅勤務であったことをみれば、外出自粛要請という事情があったにせよ、テレワークの場所もあくまで使用者が認めた範囲での選択が許されるにすぎない。そもそも政府のテレワークの定義は現実を反映したものではなく、希望的観測に基づくイメージといえ、一般的な定義として問題がある。現に、COVID-19拡大対策としてのテレワークには、

時間や場所にとらわれない柔軟な働き方とはいえないテレワークが存在し、このテレワークから政府のいうメリットは生じない。つまり、政府のいうテレワークのメリットは、政府が自ら定義したメリットをもたらすであろう特定のテレワークからしか生じないのであり、これは循環論法と言わざるを得ない。テレワークを導入さえしておけば、なんでも望みが叶うものではあるまい。

　このように、政府のテレワークの定義にはある効果を見込んだ価値的な尺度が含まれており[17]、現に行われているテレワークとの齟齬も見られること等から、テレワークを政府の定義のものに限定して理解することには反対である。テレワークには多様な形があり、テレワークを実施する際のメリット・デメリットも多様な要因から生じると思われる。そこで、テレワークの多様性を踏まえつつ価値中立的な観点にたって、テレワークを「ICT を利用して行う、職場以外の場所での労働」と定義することが妥当と考える。そして、政府による偏ったテレワークへのイメージへの警鐘として、「多様なメリット・デメリットをもちうるもの」という点も合わせて明示しておきたい。

2　テレワークの性質

　テレワークを「ICT を利用して行う、職場以外の場所での労働」ととらえることは、テレワークが純粋にどのような性質の働き方であるかを考えるきっかけになる。まず、「ICT を利用して行う」ことは、労働の提供方法および人事労務管理の方法についてのテレワークの性質をあらわすものと意義づけられる。労働の提供方法の面でいえば、たとえばシンクライアントによる職場以外の場所から社内システムに接続して、職場で行うものと同じ環境下でのパソコン上の作業を行う方法、対面によらない遠隔会議の実施、押印のデジタル化等による紙媒体を利用しない決裁等があるだろう。他方、人事労務管理の方法の面でいえば、インターネットと様々なツールを利用して、遠隔地でもリアルタイムで出退勤管理、在席管理、勤怠管理をする方法がある。ICT を利用して行う働き方であるテレワークは、COVID-19拡大前の人と直接会い、集まって働く働き方（以下、「対面中心型の働き方」）の労務提供の方法および人事労務管

---

17)　佐藤彰男「テレワークと『職場』の変容」日労研627号（2012年）58頁以下を参照。

理の方法を大幅に変える可能性を持った働き方といえる。

　「職場以外の場所での労働」を行うことは、まず、テレワークが職場への通勤行為をなくすという性質を意味する。その性質からは、労働者に通勤時間の削減、満員電車通勤にみられる身体的・精神的負担の緩和、通勤災害の減少の効果をもたらしうる。使用者に通勤コストの削減をもたらす。また、社会には交通渋滞緩和や環境負荷の軽減をもたらす。この点について政府のいうテレワークのメリットはあると思われる。もっとも、削減された通勤時間は私的な時間となりうるが、他方で労働時間にもなりうることには注意が必要である。また、「職場以外の場所での労働」を行うことは、労働が私的空間に入り込むという性質もテレワークに与える。このことはテレワークがプライバシーの侵害の可能性を常にはらむことを意味する。

3　テレワークの性質と検討課題の整理

　テレワークのメリットやデメリットといわれてきたものは、本当にテレワークという働き方のメリット・デメリットなのだろうか。たとえば政府のいうような時間や場所を自由に選択できるという柔軟な働き方というのは、それが可能となるような労務管理等が行われる場合にのみ生じるのであり、テレワークを導入したからといって自動的に実現されるものではない。また、テレワークを導入したことで自動的に WLB の実現に寄与されるわけでもない。さらに、テレワークを導入すると労働者が見えなくなるため、労務管理が困難であるとの指摘がよくなされるが、「ICT を利用して行う」ことで対応可能であり[18]、対面中心型の働き方と比べると困難となりやすいが、テレワークだから労務管理が必ず困難なるというものでもない。このように、テレワークのメリット・デメリットの多くは、テレワークの本質（テレワークを導入することそのもの）からではなく、テレワークの運用方法（どのようなテレワーク制度を導入したか）によって生じる可能性があるものと考えられる。様々なテレワークが存在する中で、テレワークの本質的な問題と、テレワークの運用上生じる可能性がある問題とは分けて議論すべきであろう。

---

18) 大内伸哉『AI 時代の働き方と法　2035年の労働法を考える』（弘文堂、2017年）162頁以下を参照。

　まず、テレワークの本質的な問題は、上述の定義と性質を踏まえると、労働の私的空間への侵食、すなわち、「プライバシーの侵害」である。これは場所的な侵害、時間的な侵害、同居家族の生活への侵害等がある。実のところ、テレワークの性質から必ず生じる問題は、この点しかないように思われる。したがって、テレワークの導入・実施の際には、労働者およびその家族のプライバシーを侵害しないような配慮が当然に求められる。

　このほかに、テレワークの問題として、労働者が働いている姿が見えなくなることで、きちんと働いているのかの把握ができず、評価に問題が生じること、労働時間の把握ができず健康確保に支障が出ることや、対面中心型の働き方でないため上司・同僚との直接のコミュニケーションが難しくなること等があげられる。これらは労働の不可視化やいわゆる分散型の働き方により生じる問題であり、テレワークを導入・実施することで生じる問題でもあるため、後述するように個別に検討が必要となる。

　しかし、これらはテレワークの性質から必ず生じる問題といえるだろうか。評価、労働時間管理、コミュニケーション不足の問題は必ずしもテレワークだからといって生じる問題ではなく、対面中心型の働き方よりはテレワークの方が問題が生じやすいというものにすぎないだろう。働きぶりの把握や労働時間管理は、ICT を利用することで対応可能なものとなりつつあるし、コミュニケーション不足も Web 会議、ビジネスチャット、クラウドオフィスなどにより対応が可能となる。テレワークに関して指摘される多くの問題は、テレワークの運用方法によって生じる可能性がある問題であり、これはむしろ ICT の利用可能性によって生じている働き方・働かせ方の変化の過渡期にみられる問題といえる。たとえば、テレワークによって、労働者は指揮命令から解放されて自律的に働くものとなるため、それに合った労働時間規制や評価方法が必要となるというような指摘がある。これがあたかもテレワークと切っても切りはなせない問題のようにいわれることがあるが、これはテレワークの運用上のひとつの可能性によった問題の指摘にとどまる。ICT の利用により指揮命令が十分になされるテレワークがあるという他の可能性を踏まえた上で、テレワークについて考える必要があろう。

四　テレワークの課題
──ニューノーマル時代の一般的な「働き方」として

　テレワークは本質的に労働者のプライバシーを侵害する働き方であり、その
運用上、労働時間管理、労務管理、健康確保、コミュニケーション等について、
対面中心型の働き方とは異なる問題を生じうる。これらの点を中心に、テレワ
ークに関して生じる課題について検討してみたい。なお、ニューノーマル時代
の社会はリアル空間とサイバー空間の融合による「繋がる」社会となり、グロ
ーバリズムとローカリズムの融合、私的空間と公的空間の融合が日常の姿にな
っていくといわれており、「対面」の機会が減るものと想定されている。無理
に「対面」機会を減らす必要はないように思われるが、以下では、テレワーク
の機会がより日常的になるものとして考えていきたい。

1　テレワークの導入・実施に関する問題
　使用者がテレワークを導入・実施する目的は多様で、事業継続確保や生産性
向上などのような経営上の理由に基づくテレワーク、労働者の WLB 向上を目
的とするテレワーク、そして、今回の COVID-19拡大対策のような社会的要請
によるテレワークとに大別できる。これらの目的は重なり合うものではあるが、
一般に、経営上の理由に基づくテレワークや社会的要請によるテレワークは使
用者の命令により実施され、労働者の WLB（ワーク・ライフ・バランス）向上を
目的とするテレワークは労働者が希望することで実施されるものと考えられる。
テレワークが労働者のプライバシーを侵害する働き方であることを踏まえると、
使用者によるテレワーク命令はどのような場合に許されるか、許される場合の
限界について問題となる。
　まず、使用者が業務命令としてテレワークを命じることはできないと解すべ
きである。これは、現時点でテレワークは通常の労働の提供方法ではなく、労
働の提供方法にプライバシーを放棄して私的空間で就労することが当然に含ま

19）「ニューノーマル時代の IT の活用に関する懇談会最終報告書」（2020年 8 月11日）3 頁。

れるわけではないからである。また、配転命令の一種としてとらえることもできない。配転は使用者の管理する施設への配置を前提としており、労務提供が可能であるあらゆるところへの配置を命じることを想定しているわけではない。ましてや私的空間で就労することが配転命令の範囲に含まれているとは解し得ない。それでは、どのような場合に使用者はテレワークを命じることができるだろうか。就業規則等に明示的な根拠があれば命じることができるとの見解もあるが、テレワークがプライバシーを侵害する働き方であることを踏まえると、テレワークの実施には労働者の個別同意が必要と解すべきである。COVID-19拡大防止としてテレワークが広く実施され、それを実施する必要性は確かに高いものである。しかし、テレワーク命令は、労働者の私的空間に労働を提供する環境を構築することを命じることを含むため、それに従うかどうかはあくまで労働者個々人の同意によるべきものと考える。

　もっとも、就業規則によるテレワーク命令が許されると解する場合でも、労働者がテレワークを実施することが可能な環境が整えられていることを前提に、健康確保の観点を踏まえ、合理的なテレワーク制度が導入されている必要があろう（労契法7条）。具体的には、テレワークを命じる事由、頻度、テレワーク時の出退勤管理や労働時間把握方法といったテレワーク就労時の労務管理のあり方など、労働者のプライバシーの保護と運用上問題が発生しやすい労働時間管理の問題への対応に配慮がなされている必要がある。なお、当該規定に基づくテレワーク命令であっても、権利の濫用に当たるものは許されない（労契法3条5項）。

　テレワークの実施に個別同意を必要とするという考えは、WLB向上目的のテレワークの場合はテレワーク実施の妨げにはなりにくいと思われる。しかし、

20）石崎由希子「『新しい日常』としてのテレワーク──仕事と生活の混在と分離」ジュリ1548号（2020年）50頁を参照。
21）石崎・前掲注20）論文50頁。
22）なお、労基法89条は就労場所を就業規則の必要的記載事項としていないが、今後テレワークがいっそう普及する可能性を考えると、就業場所についても必要的記載事項とする改正をすべきである。
23）使用者はテレワーク命令に際し、労働者が自宅でのテレワークが困難である旨を申出た場合、支障の解消・緩和に向けた検討を行う配慮義務を負い、配慮に基づく調整を経ても労働者の経済的不利益や健康への影響が大きい場合には、テレワーク命令が権利の濫用に当たると解すべきとするものとして、石崎・前掲注20）論文50頁。

今回の COVID-19拡大防止のようなパンデミックや、東日本大震災などのテールリスク対応のテレワーク、あるいは突発的災害時の通勤困難時のテレワーク（以下、「緊急時テレワーク[24)]」）については、事業継続確保や労働者の生命・身体の安全を確保するという重要な意義を持つため、テレワークの実施の必要性が高く、これを実施しなかった場合のリスクもある。そこで、労働者がテレワークに同意しなかった場合の法的関係を整理しておく必要がある。

　まず、このような場合、労働者の生命・身体の安全を確保するため、使用者は労働者に対してテレワークでの就労を提案する義務を負うと解される（労契法5条参照）。テレワークに同意しなかった労働者に対して使用者は自宅待機を命じることができるが、プライバシー保護の観点から、労働者が同意しなかったことを理由とする不利益な取扱いは許されない。また、就業規則に基づいてテレワークを命じることができるとした場合、テールリスク対応や通勤困難時の対応を理由とするテレワーク命令は、労働者の生命・身体の安全確保の観点から、原則として権利濫用には当たらないであろう。もっとも、このようなテレワーク命令は労働者にとって生命・身体の安全確保か私的空間の一部放棄の二者択一になりかねないことから、当該命令に違反した場合は懲戒事由とはならないと解すべきである。もっとも、賃金請求権等について問題は残る。

　なお、ICT の進展により、テレワークによる労働の提供が一般化し、通常の労働の提供方法となり、プライバシーの侵害が著しく減殺された場合には、以上の限りではない。社会の変化により、業務命令によるテレワーク命令が認められるような時代がくるかもしれない。

2　テレワークと労働時間の管理

　テレワークは、労働の不可視化により労働時間の管理・把握が困難となりやすいため、それに合わせた労働時間管理の在り方が問題となってきた（テレワークガイドライン参照[25)]）。まず、事業場外労働のみなし時間制（労基法38条の2）の適用可否に関心が向けられてきた[26)]。事業場外労働のみなし時間制が適用される「労働時間を算定し難いとき」に当たるかどうかは、業務の内容・性質・遂

---

24)　緊急時テレワークについては、山川和義「緊急時テレワークの法的課題」季労271号（2020年）参照。

行方法や使用者による業務指示の方法等諸般の事情を考慮して判断されているが、ICT の利用により労働時間管理が可能である現状では、原則として、テレワークは「労働時間を算定し難いとき」に該当しないと解すべきである。ICT の利用による労働時間管理システムの導入は、テレワークの導入・実施に必要なコストである。テレワークの労働時間の管理・把握が困難であるという状況に対しては、基本的には、ICT を利用して、「労働時間の適正な把握のために使用者が講ずべき措置に関するガイドライン」（2017年 1 月20日）にしたがった対応をすることが求められよう。

　テレワークの際、中抜け時間（一定程度労働者が業務から離れる時間）が生じやすいとされている。「テレワークガイドライン」によれば、休憩時間であれば休憩として扱う、始業終業時刻の変更、時間単位の年次有給休暇として対応する可能性が指摘されている。中抜け時間はテレワークでなくても生じるが、テレワークの場合、労働の不可視化によって中抜け時間の正確な把握についての不安が増大する点が問題となる。これはテレワークの目的によって対応が変わりうる。たとえば、緊急時テレワークの場合の中抜け時間は、テレワークの対象が育児や介護の必要がある労働者に限られず、労働者全員を対象とするような一般的な労働時間管理が行われても差し支えないため、ICT を利用したテレワークガイドラインの方法で対応できよう。他方、WLB 向上のためのテレワークの場合、同様の対応が可能だが、突発的な育児や介護の対応の必要性への対応のためには、コアタイムのない完全フレックスタイム制の導入が有用と思われる。

　テレワークで行う仕事は成果に基づいた評価を行うことのできる仕事が向いている旨の指摘がされる[27]。そのような仕事は、労働者が労働時間の管理を自律的に行う必要性が高く、このような仕事を想定したテレワークの推進のために

25）「これからのテレワークでの働き方に関する検討会」（2020年 8 月17日から。座長守島基博）で、テレワークの際の労働時間管理の在り方、作業環境や健康状態の管理・把握、メンタルヘルス、テレワークの対象者を選定する際の課題、テレワークの実施に際しての労務管理上の課題（人材育成、人事評価、費用負担等）が検討課題とされ、テレワークガイドラインの見直しがなされる予定である。

26）山川・前掲注 1 ）論文84頁。

27）淺野高宏・開本英幸・國武英生・道幸哲也「座談会　新型コロナ感染拡大に伴う雇用問題──今後の法理形成に向けて」労旬1965号（2020年）13頁以下参照。

は、この働き方に合った労働時間規制のあり方の検討が必要となる。もっとも、テレワークは多様であるため、テレワークが必ず自律的な働き方に結び付くわけではない。COVID-19拡大防止の際のテレワーク拡大を機に、自律的な働き方を想定した労働時間規制の改正の必要性を声高に叫ぶのは、テレワークの一側面のみをみたものといえ、必然性はない。

3　テレワークと健康確保

　テレワークは私的空間での労働を可能とし、かつ、労働時間と私的時間の境界をあいまい化することから、職場で就労する場合よりも長時間労働をもたらしうる。特に、予定された労働時間内に終わらない量の業務や成果を出すことを労働者が求められる場合には、長時間労働を自ら選択せざるを得なくなるだろう。テレワークでも割増賃金規制（労基法37条）により長時間労働は抑制されうる。しかし、労働者が評価への影響を不安視すれば、私的時間を削ってでも働くことを選択せざるを得なくなり、長時間労働による労働者の健康被害に対する法規制がまったく及ばなくなるおそれがある。この事態は、労働者が担当すべき業務量や成果の提出が適切なものとなるように使用者に対して規制することで回避されうる。しかし、法的にこれを規制することは困難であり、労働組合が取り組むべき課題であろう。

　規制が難しいとはいえ、健康確保の観点からは、労働時間と私的時間の分離を可能とする制度の導入の検討が必要となる。たとえば使用者は労働者に対して健康配慮義務を負うことから、テレワークの頻度が高い労働者を対象に休息時間の取得を法律によって明確に認めるべきである。また、同様の配慮から、労働者の個別同意のない時間外・休日・深夜労働命令は特段の事情のない限り許されないと解するべきである。

　テレワークは分散型の働き方であるため、コミュニケーション不足に陥りやすい。これは労働者を孤立させ、メンタルヘルス問題を生じさせうる。他方、過度のモニタリングは労働者のプライバシーの侵害となり、精神的な圧迫となりうる。[28] 使用者は労働者のメンタルヘルスの状況を踏まえた面談等をしたり、

28）石崎・前掲注20）論文52頁も参照。

相談窓口を設置するなど、精神的な面でも健康確保のための具体的対応が望まれる。

4 「つながらない権利」の保障と問題

　以上のように、テレワークは長時間労働のおそれやプライバシーの侵害、メンタルヘルス問題を生じさせる。そこで、使用者は労働者に対して健康配慮義務を負うほか、私生活をみだりに侵害せず、仕事と生活の調和に配慮する義務を信義則上負うと解され（労契法3条3項および同条4項参照）、労働契約上、労働者には所定労働時間外、休日、休暇等において、業務に関して携帯電話やメール等ICTツールに「つながらない権利」[29]が認められるべきである。そして、「つながらない権利」はICTが進展しテレワークが一般的な労働の提供方法となった場合には、法律によって保障されるべきである。

　もっとも、労働者に「つながらない権利」が認められても、他日の残業を回避するためや顧客の要望に応えざるを得ないために、望まないにもかかわらず労働者が自己の判断で「つながらない権利」を放棄するおそれがある[30]。いわば「強制された自己裁量」[31]による「つながらない権利」の放棄は、担当する業務量、上司との関係、顧客との関係等から生じうることから、法的に一律に対応することは容易ではない。したがって、労働者が「つながらない権利」を実質的に行使できる状況を作り上げるのは、企業の実情を知り、個々の労働者の働き方を把握することのできる労働組合の重要な役割と思われる。

五　おわりに——よりよい「働き方」としてのテレワークのために

　本章では、テレワークが非常に偏った定義とイメージを前提に推進され、それを前提とした課題設定がされている点を批判し、テレワークの本質的問題と運用上の問題とを区別して議論すべきであると主張した。後者の問題もテレワ

29）高橋賢司「デジタル化とAIの労働市場と労働法への影響」労旬1985号（2017年）10頁、野田進ほか「フランス『労働改革法』の成立」季労256号（2017年）156頁以下、山川・前掲注1）論文85頁以下、細川良「ICTが『労働時間』に突き付ける課題」日労研709号（2019年）46頁以下等を参照。
30）「つながらない権利」の問題について、細川・前掲注29）論文48頁以下を参照。
31）佐藤彰男『テレワーク『未来型労働』の現実』（岩波新書、2008年）184頁。

ークと切り離せるものではないものの、これらの多くはテレワーク固有の問題ではなく、ICT を利用した働き方に関する問題と思われる。ICT の発展具合により問題状況が変わることを踏まえた議論が必要である。

　以上の通り、ICT の発展と COVID-19拡大防止策としての経験を経て、テレワークは様々な業種・職種で実施できることが分かり、さらに拡大するだろう。もっとも、テレワークは政府がいうような時間と場所にとらわれない柔軟な働き方をもたらす可能性もあるが、他方で ICT による強度の管理の下での働き方をもたらす可能性もある。私生活を充実させる可能性もあれば、労働による私生活の侵食となる可能性もある。テレワークは時間と場所にとらわれない柔軟な「働き方」にもなるし「働かせ方」にもなる。

　テレワークをニューノーマル時代におけるよりよい「働き方」としたいのであれば、労働者はそれを獲得するために主体的に行動する必要がある。たとえば、テレワークを WLB の向上（育児、介護だけでなく、私的時間の確保）のためものとするために、完全フレックスタイム制の導入のような労働者に自由な労働時間、長時間労働を惹起しないような評価制度のあり方、つながらない権利の保障等を含むテレワーク制度の導入・実施について、我々労働者が自ら声をあげたり、労働組合が積極的に働きかけを行う等が必要だろう。

　追記：本章は、季刊労働法271号（2020年）に掲載された論考を若干の修正を加えたものである。転載を認めていただいた同誌に感謝したい。

〔山川和義〕

補論

テレワークの国際比較

　コロナ禍でホームオフィスあるいはテレワーク・リモートワークは、どの国でも増加している。それまで普及していなかった国でも、こうした働き方を余儀なくされた。ヨーロッパでは、加盟27か国（イギリス離脱後）においても産業

構造や ICT（Information and Communication Technology）の普及状況は大きく異なっていたが、コロナ禍は共通に働き方に大きな影響を与えている。

1　先進国の指標

先進諸国でのテレワークの普及状況は、これまでどのようになっていたのか。

Eurofound（European Foundation for Improvement of Living and Working Conditions）調査では（雇用労働者が対象、2015年段階の統計）、「恒常的にホームワーク従事」、「恒常的リモートワーク従事」、「時折従事」の合計で取っているが（EU 全28ヵ国で、国によって2011年から14年までのばらつきがある）、主要国について、高い順にデンマーク37％、スウェーデン33％、イギリス26％、フランス25％、フィンランド24％、ベルギー23％、スペイン13％、ドイツ12％、最低のイタリア7％となっている。また、日本は14.2％（2016年）であり、EU 加盟国と比較すると丁度中央に位置する。職務で見ると、管理職48％、専門職34％、技術職29％、事務サポート職24％で高く、逆に農林業、営業職、手工業などでは2〜8％と低い（ILO/ Eurofound, Working anytime, anywhere: The effects on the world of work, ILO, Telework in the 21st Century,）。

EU の調査では（雇用労働者が対象）、2009年と19年の経年で実施率を取っているが、スウェーデン21％→37％、デンマーク28％→28％[32]、フランス17％→23％、EU27か国平均11％→15％、ドイツ12％→12％、スペイン6％→8％、イタリア5％→5％などとなっている（EU, Telework in the EU before and after the COVID-19: wher we were and we head to）。こうした国による差は、ICT の普及率、マネジメント文化、労働者の意識、家族関係等が影響している（Eurofound, COVID-19 could permanently change teleworking in Europe）。なお、最新統計はまだ出ていないが、コロナ禍で EU 全体の平均でおおよそ25％の労働者がテレワークに従事しているとの推計を行っている（EU JRC Technical Report, The COVID confinement measures and EU labour markets）。

32）デンマークについて、調査により大きな開きがあるが、その理由は分からない。

2 ドイツの事例

(1) ドイツでもこのテーマについて各種の調査が行われている。[33] それによれば、「毎日か週に数日以上」ホームオフィス、テレワーク、リモートワークに従事している者の割合は、2018年段階で、自営業者を含む全就業者で12%（毎日5.3%、週数日以上6.6%）、労働者で8.5%（毎日3.0%、週に数日以上5.5%）であったが（Statistisches Bundesamt, Qualität der Arbeit: Erwerbstätige, die von zu Hause arbeiten nach Stellung im Beruf）、前者の全就業者ベースでコロナ禍、とりわけロックダウン中に急速に増加している。調査によって数値が異なるが、27%から40数%と推計されている（たとえば DAK, Digitalisierung und Homeoffice in der Corona-Krise では39%）。ほとんどの調査で、ポスト・コロナでもこの数値はある程度維持されるだろうと推測している。企業側も50%強でホームオフィスを強化したいと考えている（Daniel Erdsiek, Unternehmen wollen auch nach der Krise an Homeoffice festhalten？: https://www.zew.de/presse/pressearchiv/unternehmen-wollen-auch-nach-der-krise-an-homeoffice-festhalten）。

(2) テレワークにはアンビバレンツな側面があることが、これまでの経験で明らかになっている。つまり、生産性や仕事の満足度について肯定的評価と否定的評価があるが、その要因も含めてこれらは日本と大差ない。

マスコミも、ポスト・コロナでのテレワークの拡がり、その中でも事務所での勤務とホームオフィスの組み合わせの拡大を予測しながら、他方でその抱える問題や課題を指摘している。Handelblatt 紙2020年 9 月16日の記事は、「ホームオフィスのコストは高い」と題して、同僚とのコミケーションの取り方、勤務時間の不明確化、家族がいる女性労働者のケア労働の負荷、都市中心部の空洞化等を指摘する。

Wirtschaftswoche 紙2020年 9 月18日の記事は、「ホームオフィスのアンビバレンツな貸借対照表」と題して、ポスト・コロナではホームオフィスが一層重要になるとしながら、他方で「雇用社会の二極化」が進行することを危惧する。つまり、ICT を利用したテレワークは、可能な産業と不可能な産業、可能な職種（管理職、事務職員）と不可能な職種（エッセンシャルワーク）、ケア労働の

---

33) 以下については、Hartmut Seifert, Homeoffice vom 20.9.2020という私信での分析による。調査や論者によって、テレワーク、リモートワーク、ホームオフィスなど多様な用語が用いられている。

負担を負う女性と軽い男性に分かれ、約4割がテレワークに満足している（通勤時間の短縮、仕事への集中等）が、逆に6割にとってはそれが不利益（同僚とのコミュニケーション不足、仕事の退屈さ等）になっている。こうしたことの分析が今後の課題であると記事を結んでいる。

　Der Spiegel 誌2020年37号（9月5日）は、「気兼ねない家で一人で仕事」という記事の中で、コロナ禍が職場で働くという伝統的なモデルを根本的に変える触媒となるとし、研究者の意見やテレワークを推進している企業の事例を紹介しながら、職場が持つ意味が働く場所から同僚との意思疎通やチームワークを維持する場所へと変わっていくと、概して肯定的な評価を行っている。ただし、こうした傾向は格差を拡大する危険性があり、公平や正義に関する新たな議論が求められるとも言う。

　同誌はまた、「家庭で何が」という記事で、テレワークの雇用問題を論じている。つまり、誰がテレワークを決めるのか、労働時間規制をどうするのか、家での事故の責任は誰が負うのか、家での仕事環境の整備は誰が行うのか、同僚とのコミュニケーションをどのように取るのか、新たな同僚の教育や指導をどうしたらよいかといった新たなテーマが生じている。ドイツの、あるいはヨーロッパの特有の問題として、多くの人が新しい環境、仕事のスタイルを求めて郊外に移り住む傾向が強まっていることについても、記述が及んでいる。

　(3)　ホームオフィス権利法の構想

　連邦政府は、コロナ禍が拡大していた4月下旬に、秋頃にホームオフィスを求める権利を保障する法案を提出する計画であることを明らかにしていた。10月初旬に連邦社会労働大臣が、専門家会議への諮問を通じ、法案提出の予定であることを明言した。通称は「リモートワーク法」（Das Mobile-Arbeit-Gesetz）と呼ばれるもので、労働者に年間24日（フルタイム労働者の場合）までのホームオフィスの請求権を保障することを内容としている。正当な理由があれば、使用者はそれを拒否できる。職務や業種ではホームワークが困難な場合もあるが、それを取り除くような支援措置も含まれる。また、労働者が不安に感じている継続教育や昇進に支障を来さないような措置、長時間労働の危険性を取り除く措置（労働時間管理をしない上司に過料を科すこと）、自宅での仕事中の安全措置等を規制する予定であることが報道されている。コロナ禍で顕在化した「新た

な常態」での働き方について模索する試みと言えよう。

　なお、連邦労働大臣は同法案に積極的であるが、政府内での意見調整に難航している。争点は労働者にホームワーク請求権を認めるかどうかにある。

3　テレワークをめぐる労働法上の問題——ILO 報告書を中心に

　ILO は、「仕事の未来シリーズ」の一環として、"Telework in the 21st Century" という報告書を出し（2019年11月29日付）、その第 1 章で、EU でのテレワークの普及とその課題を加盟各国の調査やレポートに基づいて分析している。その中で注目されるのは、テレワークの影響と国レベルでの政策である。

　(1)　テレワークの影響については、以下のような点を指摘する。

　①　多くの国でテレワーク労働者の労働時間は通常の労働者より長くなる傾向がある。この傾向は男性労働者により強く見られる。テレワークでは、所定内労働と追加的な時間外労働の境界が不明確となり（たとえば夜間や週末労働が増え、勤務時間を超えて Email のチェックを行ったり、時間管理がルーズになる等）、不払残業が増えている。

　②　テレワークは、ワーク・ライフ・バランスにとって効果的な面もあるが、仕事が私的な領域にも侵入してしまう危険性も持っている。多くの調査では、前者の面がより強く意識されていると報告されている。ただし、ジェンダー論の側面から、女性にとってはケア労働の負担が増大していることも無視できない。男性でもケア労働、とりわけ子供のケアに関心を持つ者が増えている。

　③　テレワークが健康や福祉に与える影響も、アンビバレンツである。通勤時間が減少したり、仕事の自己決定権が拡大したり、満足感が増加するメリットがある反面で、逆に電磁テクノロジー利用の増加による固有の問題、長時間のディスプレイ利用によるストレスや目などの病気の危険、モービルテクノロジー利用による頭痛、睡眠障害などのデメリットが生まれている。また、仕事の充実感の反面で、同僚などとのコミュニケーション不足による孤独感や疲労からの回復の困難なども、指摘されている。テレワークでは、自己決定と孤独感、満足感とストレスがトレードオフの関係にある。

　④　テレワークは明確に企業や労働者個人のパフォーマンスをあげているが、課題は前述したようなマイナス面、デメリット面をどの程度犠牲にできる

かである。テレワークは、管理職や専門職、高度技術職にとって魅力的であり、労働者のリクルートにとっても有意に働く。ただし、多くの中小企業にとっては、ICT 環境の整備が、またマネジメント面では仕事の割り振りや仕事の管理での問題の克服が課題となっている。

（2）　最近になって多くの国等で対策を講じるようになっている。いくつか興味深い事例を紹介しておく。

①　EU レベルでの対応として、直接テレワークを対象とする指令はないが、労働時間指令や職場の健康と安全指令は、当然にテレワークも対象となる。重要なものとして、労使間で定められた2002年の「テレワークに関するヨーロッパ枠組み協約」がある。ここではテレワークの定義、テレワークの自発性、職場労働者との平等取扱い、テレワーク労働者の集団的権利の尊重、加盟国レベルでの社会パートナー間の合意の促進などが定められている[34]。

②　国レベルでは対応は区々で、いち早く立法化したハンガリー、それに続くオランダ、労働法改正の中にテレワーク規定を挿入したスペイン、草案まではできている（国や産業レベルでの協約は成立している）イタリア、国レベルでの促進をアジェンダとしているフィンランド、労使間レベルでの対応が進んでいるスウェーデンなどがある。こうした中でワーク・ライフ・バランスに対応するものとして、フランスやドイツで行われている「切断する権利」（right to disconnect）がある。フランスでは10数年前にいち早く産業レベル、企業レベルで導入され、2016年に立法化されている[35]。

③　企業レベルで切断する権利の導入が進んでいる。その他前述の枠組み条約に基づいて企業レベルでのテレワーク対応が進んでいる。報告書では、ドイツの退職保険会社 DRV[36]、ベルギーの銀行 KBC、フランスの Thales Group、

34)　同協約については、ロジェ・ブランパン（小宮文人・濱口桂一郎監訳）『ヨーロッパ労働法』（信山社、2003年）327頁以下が詳しく紹介する。

35)　フランス法については、野田進・渋田美羽・阿部理香「フランス『労働法改革』の成立」季労256号（2017年）155頁以下が詳しい。

36)　従業員約2,000人、女性の割合65％、1990年代から企業レベル協約でワーク・ファミリー調整政策を実現、子供や家族介護のためのテレワークの権利を導入、会社はそのための環境整備支援を行う、6：00〜22：00の間で勤務時間を上司との話し合いで毎月設定、従業員はストレスや時間管理に関するセミナー参加可能、135人がテレワーク実施、欠勤率が20％減少、介護休暇が19か月から14か月に短縮等の効果が出ている。

プジョー、シトロエンなど、イタリアのパレモ大学、スペインのコンサルティング・テクノロジー会社 Indra、オーストリアの電話会社 KPN の事例などが紹介されている。

4　まとめ

日本でこれから行うべき課題として、EU や ILO で行われているようなテレワークの実態調査、比較法研究（とりわけドイツ、フランス、スウェーデンなど）、日本での先行事案の分析等、多くが残されている。いずれにしても国や企業の対応の遅れが目立っている。

なお、テレワークが可能な職場や職種は、相対的には社会的強者が担っている。それに対してテレワークが不可能、困難な職場の多くは、社会的弱者あるいはエッセンシャルワーカーが担っている。後者の労働が前者の働き方を可能にしているにもかかわらず、社会的格差がポスト・コロナではさらに拡大するとも言われている。そこにまさにポスト・コロナの課題がある。

〔和田　肇〕

第5章

非正規雇用のセーフティネット

はじめに

　本章では、コロナ禍による経済的な影響が大きい非正規労働者を対象に、短期的な解決が見込まれないコロナ禍を転機に、「より良質の生活保障」に舵をきる方向を提示したい。

一　問題の所在

1　働き方改革の影と死角

(1)　現状

　非正規雇用は、1990年代以降に急増し、2019年には労働者全体の約 4 割（38.3％、2,165万人）であり、女性労働者の約 6 割（56.0％）を占めている。[1]

　収入状況をみると、年収200万円以下は、全体では21.8％であり、女性の約 4 割（38.8％）、男性の約 1 割（9.9％）も占める。[2]

　平成不況以降、事業主は人件費の節約戦略により、非正規化を進め、ワーキング・プアを多く生みだした。さらに、雇用以外の契約形態で働く「非労働者化」も進められ、こうした雇用によらない働き方は、最低賃金法はもとより、労災保険法も、厚生年金保険法（厚保法）・健康保険法（健保法）に加えて租税法についても、労働者としての法の適用が否定される。自営業者も雇用労働者

1) 総務省統計局『労働力調査（詳細集計)』。2014年までの動向について、伍賀一道「変貌する労働市場」伍賀一道・脇田滋・森崎巌編著『劣化する雇用』（旬報社、2016年）16頁以下が詳しい。
2) 国税庁『平成30年度民間給与統計実態調査』（第16表）参照。

図表5-1　雇用形態別・年齢別の男性労働者（2009〜2019年）（単位：万人、%）

		年齢計	15-24歳	25-34歳	35-44歳	45-54歳	55-64歳	65歳以上
役員を除く雇用者	2009年	2874	190	678	739	577	494	140
	2019年	3024	186	570	677	714	504	281
	2009→2019年	150	-4	-108	-62	137	10	141
正規雇用	2009年	2345	144	584	683	531	355	48
	2019年	2334	145	486	614	651	361	75
	2009→2019年	-11	1	-98	-69	120	6	27
非正規雇用	2009年	527	47	94	56	46	138	93
	2019年	691	40	83	63	62	143	206
	2009→2019年	164	-7	-11	7	16	5	113
非正規雇用比率	2009年	18.4	25.0	13.9	7.5	8.0	28.0	65.7
	2019年	22.8	21.6	14.6	9.3	8.7	28.4	73.3
	2009→2019年	4.4	-3.4	0.7	1.8	0.7	0.4	7.6

（出所）総務省「労働力調査（詳細集計）」（2019年）長期時系列表10より作成

も「仕事の持続可能性」は社会的保障がなければ確立しない。

　安倍政権による雇用政策は、完全失業率は低く（2020年7月、2.9%）、雇用の量を生みだしたが、「失業なき円滑な労働移動」政策を背景として[3]、不安定低賃金労働に、働き方改革の影も死角もあることを顕著に示し、社会保障にも解決を迫っているのがコロナ危機である。

(2)　働き方改革の影

　2009年から2019年の10年間の非正規雇用の比率を性・年齢別にみると[4]、2019年も非正規雇用者全体の約3割を35歳から54歳までの女性が占めている（670万人）。だが、高齢労働者の非正規化が顕著であり（2009年158万人から2019年に389万人）（図表5-1、図表5-2参照）、とくに65歳以上の女性が急増している（図表5-2参照）。この10年の変化をみると、男性の非正規労働者は全体で164万人増加したが（527万人から691万人）、年齢別の増加者は65歳以上の＋113万人（93万人から206万人）、45歳から54歳までが＋16万人（46万人から62万人）である。女性は65歳以上が＋116万人（66万人から182万人）、55歳から64歳までが＋61万人

　3）雇用政策について、伍賀・脇田・森崎・前掲注1）書100頁以下を参照。
　4）2004年から2014年の変化について、伍賀・前掲注1）論文18頁以下を参照。

図表5-2　雇用形態別・年齢別の女性労働者（2009〜2019年）（単位：万人、%）

		年齢計	15-24歳	25-34歳	35-44歳	45-54歳	55-64歳	65歳以上
役員を除く 雇用者	2009年	2250	196	514	536	483	368	95
	2019年	2635	181	478	573	650	431	222
	2009→2019年	385	-15	-36	37	167	63	127
正規雇用	2009年	1050	128	301	247	204	137	29
	2019年	1160	127	301	277	275	139	40
	2009→2019年	110	-1	0	30	71	2	11
非正規雇用	2009年	1200	69	212	288	278	231	66
	2019年	1475	54	177	295	375	292	182
	2009→2019年	275	-15	-35	7	97	61	116
非正規雇用 比率	2009年	53.3	35.0	41.4	53.9	57.6	62.7	69.1
	2019年	56.0	29.8	37.0	51.6	57.7	67.7	82.0
	2009→2019年	2.7	5.2	-4.4	-2.3	0.1	5.0	12.9

（出所）総務省「労働力調査（詳細集計）」（2019年）長期時系列表10より作成

（231万人から292万人）である。日本の雇用改革は、女性および高齢者の雇用の量を生み出したが、非正規化に拍車をかけた。

(3)　働き方改革の死角

　2020年高年齢者雇用安定法（高年法）改正により、70歳までの高年齢者の就労確保措置が事業主の努力義務とされた（10条の2、2021年4月1日施行予定）。65歳以上の高年齢者の継続雇用の一つとして労使協定に基づきフリーターも可能となる。「高（年）齢フリーター」は、労災にあっても守られない「雇用によらない働き方」を助長する「働き方改革の死角」といえる。[5]

　コロナ禍は、女性および高齢者の非正規労働者、自営業者・フリーターの脆弱さを浮き彫りにしている。次にみていこう。

(4)　三つの脆弱なグループ

　本章ではコロナ危機に弱い三つの層をとりあげる。

5）東京新聞2020年3月27日朝刊7頁。

(a) 女性労働者

2020年4月16日全都道府県緊急事態宣言がだされ、「失業予備軍」の休業時の所得保障が脆弱であることが社会問題になり、ディーセント・ワーク（働きがいのある人間らしい仕事）を通じたより良質の生活保障を両性に確立しなければならないことを改めて突きつけた。コロナ禍に、平常時の生活問題が顕在化したのではなく、むしろ不利が偏在している。日本はそもそも性による職業分離が大きい[6]。コロナ禍が国際的にも示したのは、一つに、休業を要請された業種の「宿泊、飲食、販売、製造業といった、危機の影響が最も大きい経済部門」に世界全体の女性就業者の4割が従事し、また感染の危険性が高いにもかかわらず、社会的保障の適用可能性が低い分野（例えば保健医療、福祉）に多くの女性が就労していることである[7]。

二つに、子のいる家庭では、日本では2020年2月27日の一斉休校措置に伴い、またはケアサービスの閉鎖により、ケアをする時間・費用を多く使うのは女性であり[8]、とりわけシングルマザーの世帯であることが明らかになった。そして、全都道府県緊急事態宣言下の休業による減収が浮き彫りになった。

有給の休暇（年次有給休暇を除く）の取得に、「新型コロナウイルス感染症による小学校休校等対応助成金」が創設されたが、事業主が申請しない場合には機能しない。雇用調整助成金と同様に労働者がそれらを申請できないのは日本の制度の重大な欠陥である。

(b) 非自立的自営業者

自営業者にもコロナ禍による休業や業務の中断を通じ、生活危機が生じている[9]。コロナ禍は、自営業者が生産手段を所有しているだけでは、十分な社会的

---

6) 山口一男『働き方の男女不平等』（日本経済新聞出版社、2017年）244頁以下。同書は、女性が非正規雇用という不完全雇用（アンダーエンプロイメント）の大部分の担い手であったともいう（247頁）。

7) ILO, ILO Monitor: COVID-19 and the world of work. Fifth edition Updated estimates and analysis, 30. June 2020, p.8. 日本語資料「第5版 ILO モニター（緊急報告）COVID-19と仕事の世界　推計と分析－更新版」（2020年6月30日）。

8) シングルマザー調査プロジェクトチーム「新型コロナウイルス　深刻化する母子世帯の暮らし－1800人の実態調査・速報」2020年。国際的にも同様であることは、ILO・前掲注7）。OECD, Women at the core of the fight against COVID-19 crisis, 2020参照。

9) 毎日新聞2020年7月20日朝刊2頁。

保障をそれによりもたらすものではなく、生計を維持することができないことを明らかにした。所有している物を適切に行使する諸条件の存在が問題になっている。こうした労働の意義は、労働力に依拠した生計を維持する者として、雇用労働者にも、零細・中小規模の自営業者にも共通している。つまり、雇用労働者と自営業者の違いは否定しないが、とくに小規模自営業者には労働力に依拠して生計を維持する点で共通する状況がある。

(c) 高齢者

日本の高齢者貧困率は、高く、しかも70歳以上の女性に顕著である[10]。家計補助のために就業する高齢者も多く[11]、65歳以上の高齢者の就業率が日本では高い[12]。国際比較では、2007年から2017年には主要国はいずれも上昇しているが、日本の就業率は最も高い。日本の特質は、シルバー人材センターでの就業者、有償ボランティア、そして、2020年高年法改正によるフリーターとして、セーフティネットで守られない高齢者を生み出していることである。

(5) 市場における移動自由の条件は何か

少子高齢化社会のコロナ禍により「将来の労働」は、すべての人にディーセントで収益の多い仕事の再構築を土台とするよう転換が迫られている[13]。コロナ禍により転職を迫られる労働者にとっても、市場での移動を支える経済的な生活保障、そして転職のための職業資格・教育(requalification)が不可欠な要請である[14]。まして失業者の急増が予測される状況においては、「休業」の経済的保障はもとより、転職への職業教育も、移動自由を可能にする条件である。

市場での移動自由には社会保障の権利が不可分に付随していると考えられる。どのように働き、それにより生計を維持するのかを個人が選択する際に、社会保険の権利の成立(保険料軽減や、受給権の優遇)または阻害する規定を設けて、

10) 阿部彩「日本の相対的貧困率の動態：2012から2015年」貧困統計HP、2018年。
11) 総務省統計局「国際比較でみる高齢者」(2018年)図13。
12) 総務省統計局、前掲資料・図22。
13) United Nations, Policy Brief,The world of work and COVID-19, 2020, p.4. 日本経済新聞2020年9月6日朝刊1頁。
14) OECD, Policy Responses to Coronavirus (COVID-19), Distributional risks associated with non-standard work: Stylised facts and policy considerations, 2020, p.2, 13-14.

114

個人や事業者に影響を与えてはならない（「二　人件費節約の法政策からの脱却」で後述）。ウイズ・コロナ社会にあっては、従事していた職業が存続しない可能性もあり、労働移動に伴う条件整備については個人ではなく社会全体の取り組みが要請される。

　本章では、「非正規労働者」について二つのタイプを検討する[15]。一つには、労働法にも社会保険法にもフル保障を受けていない雇用労働者である（非正規社員）。非正規雇用労働者には、「偽装された（名ばかり）自営業者」も含まれる。二つには、労働者に類似している非自立的自営業者である。日本の社会保険制度には、自治体の「住民」として対象を捉える住民型社会保険（例えば国民年金法＝国年法、国保法）と、「雇用」関係が成立している一部の住民を取り出す労働者型社会保険（例えば雇保法、厚年法、健保法）がある。本章では、労働者型社会保険の適用対象を、雇用労働者だけではなく一部の自営業者も含め、労働力に依拠して生計を維持する者（本章では「就業者」という）に拡大することを提言する。一つの職場で定年まで継続して働くのではなく、労働移動が伴うのであれば、個人の労働移動の自由には、報酬に相応しい生活保障を受ける権利が条件として付随するものでなければならない。

　市場での移動自由を重視するのであれば、失業保障だけではなく、労働移動が不利にならない年金権も、労働移動の自由に付随する権利として制度化されるべきである。それにもかかわらず、「条件なき労働移動」を強いる雇用政策と所得保障政策が「悪い連携」[16]を成している。

　市場における「移動自由の平等」こそ、働き方の多様化時代の喫緊の課題である。

　社会保障の制度設計が労務供給形態に中立になされることが、不可欠な要請である。

---

15) OECD, op.cit p.3.
16) 脇田滋「日本における失業・半失業と問題状況」脇田滋・矢野昌浩・木下秀雄編『常態化する失業と労働・社会保障』（日本評論社、2014年）8頁以下参照。同論文は、日本の非正規雇用を「不完全雇用」ないし「半失業」ととらえるべきであると指摘する。

2　社会保障を受ける権利

⑴　全「就業者」型社会保険

労働力に依拠して就業することにより生計を維持している「非正規労働者」は、健康で文化的な生活をする権利（憲法25条による生存権）を有する。それは、一つに、就業を媒介とした、全「就業者」に対する社会保険の権利の確立により実効的に実現される必要がある。二つに、だからといって、そうした「就業者」の生存権は、普遍的な租税による保障制度（例えば最低生活保障）を要しないわけではない。「就業者」は、家族のメンバーでもあり、また住民でもある。順にみていこう。

労働者型社会保険は、住民型社会保険または生活保護のようにすべての国民に、それまでの生活状態にかかわらず一定の、または最低限度の生活を保障する機能と異なり、現役時代の労働を通じて得た生活状況が反映する生活を保障するものであり、相対的生活水準の保障を目指すものである。つまり、高齢により退職した後に急に困窮するなどの社会的な下降が生じないように、現役時代の労働に基づいた生活の質・生活様式を高齢期にも持続させる。例えばこのタイプの年金は、直接に高齢期の貧困を予防することはできないが、すべての住民の生活水準を平準化するのではなく、現役時代の労働を通じた社会的経済的な生活状況を高齢期に反映させるものである。その意味で労働者型社会保険の受給権を守る根拠となるのは現役時代の労働なのである。

それにもかかわらず、社会保険では労働者と自営業者の二分説をとり、そのうえで労働者型社会保険は雇用労働者のみを対象としているが、それでは、もはや労働移動を要請する社会経済的・技術的変化に対応できず、その機能を縮小させるだけである。したがって、「全『就業者』型社会保険」が要請されているといえる。

⑵　生活保護の機能

2020年 2 月の一斉休校等の要請を経て 4 月の緊急事態宣言による休業、そして 5 月以降の自粛傾向によって、家計は収入が減少するだけではなく、ステイホームによる食費等支出は増える。そうしたなか、政府の定額給付金に加え、休業手当が支払われていない労働者に雇用保険臨時特例法の成立（20年 6 月12

日）などの一時的な対応策が注目された。一方、雇用労働者に対して休業時の
セーフティネットは機能しなかった。そうすると、「最後のセーフティネット」
とよばれる生活保護法が機能すべき時期であったといえる。現に、2020年4月
の生活保護申請数は、それまで前年同月比で減少し続けていたところ、19年4
月と比べて24％増加した。[17]ところが、20年5月の保護申請数は、20年4月と比
べると、減少している。[18]受給する高齢世帯数もなんと減少した。高齢者は感染
すれば重症リスクが高いとされているので、一時的に仕事をしないまたは解雇
も生じたのであれば、年金も十分ではなく、親族による援助もなければ、生活
保護が活用されるべきである。しかし、20年6月の生活保護は、同年5月と比
べて申請数も引き続き減少し（総数−791件）、受給する高齢者世帯（−528世帯）
も母子世帯（−207世帯）も減少している。

　理由としてあげられるのは、窓口での申請権の侵害である。例えば、アパー
トではなく簡易宿泊所の利用をしなければ申請ができない等、違法な情報提供
により申請を抑制することである。[19]

　あるいは、生活保護以外の制度が一時的に機能したのかもしれない。定額給
付金や「生活福祉資金の特例貸付」（2020年9月30日まで受付け）があるが、後者
の生活福祉資金の対象は生活保護とは異なっている。なお、20年8月から「ひ
とり親世帯臨時特別給付金の基本給付」は、公的年金を受け児童扶養手当が制
限されている場合にも支給されるが、ニーズがこれらにより実際に充足される
のだろうか。

　ドイツでは、とくに零細事業者や従業員のいない自営業者には、日本と同様
に休業・失業時のセーフティネットはないため、生活保護を受給できるように、
例外的に、申請から6か月間は資産活用を求めない利用促進の定めをおいた
（社会法典2編67条2項）。漏れなく生活保護を利用するための定めであり、日独[20]

---

17) 東京新聞2020年7月2日朝刊2頁、日本経済新聞2020年7月2日朝刊34頁。2020年3月と比べ申
　　請が若干増加（＋2.2％）している。
18) 厚生労働省「被保護者調査」（令和2年5月分概数）。
19) 東京新聞2020年8月1日夕刊6頁。生活保護問題対策全国会議「コロナ災害を乗り越える　いの
　　ちとくらしを守る何でも相談会　相談集計（最終）」2020年も参照。申請促進義務について、福岡地
　　裁小倉支部平成23年3月29日判決・賃社1547号42頁、大阪地裁平成25年10月31日判決・賃社1603＝
　　1604号81頁を参照。
20) 渡辺寛人・布川日佐史「『不正受給者探し』からの脱却を」『世界』933号（2020年）103頁以下。

の相違は大きい。2020年度後半期に日本の最低生活保障が機能しているのか、注目される。

3　社会保険制度の弊害・課題

(1)　市場での移動自由か、「条件なき移動」強制か

　雇用改革により、一部の労働者に従来の労働者ほどの時間・場所の拘束がない一方、インフラなどの設備がなく、また従業員もいない自営業者がいる。労働者にも自営業者にも、労働力に依拠して生計を維持する働き手としての生活に大きな変化が生じている。具体的には、長い職業生活全体でみれば、労働者がフルタイムやパートタイムとして労働時間を変えることも、業務委託によりフリーランスとして働くことも経験するであろう。また、雇用労働者が、副業としてフリーで働くこともあるだろう。

　こうした社会経済的変化を背景に、一つの職場で多様な雇用形態で働く労働者だけではなく、フリーの業務受託者も増えていくこともあろう。そうした同一の職務や同一の職場での業務に従事する働き手は、組織に組み込まれて働いている。多様な就業形態の働き手が、同じ指揮命令に組み込まれて業務を遂行する職場では、例えば労働移動の条件の一つである雇用保険の適用について同一の取扱いが要請されるのではないだろうか。移動自由は、機会の平等を達成するために、社会保障においてすべての「就業者」の平等な取扱いを原則としなければならない。そうでなければ、とくに不安定低所得労働に従事する一部の市民にとって、労働移動は、市場における「条件なき移動」の事実上の強制になる。

(2)　市場での移動自由を可能にする条件としての社会保障および職業教育

　技術革新、そしてウイズ・コロナ社会の到来により労働移動が避けがたいのであれば、労働移動の自由にはより一層失業保障が前提となる。コロナ禍では失業に瀕した労働者が急増しているが、雇保法は、雇用労働者の一部に対象が限定され、それ以外の住民をカバーする制度は存在しない。労基法の労働者の一部だけではなく、非自立的自営業者を含む、すべての「就業者」に、失業保障が必要である。健康で文化的な生活をする権利は、全「就業者」に市場での

移動自由を可能にする条件として捉えられるべきである。すべての住民に市場での移動自由があるのであれば、その機会の平等を達成することが、とくに社会的経済的に不利な人々について適切に促進される必要がある。ただし、一律に、それまでの生活様式や水準にかかわりなく保障するのではなく、全「就業者」に失業、病気など社会保険を受ける権利を通じて相対的な生活水準を保障することが、市場における移動自由の平等にかなう。移動自由を可能にする条件には、経済的な生活保障だけではなく、職業教育・継続教育（経済的生活の保障を含む）も不可欠である。

　労働者型社会保険の目的を果たすには、雇用労働者と、もう一つのタイプの非自立的自営業者も「就業者」として包摂し、就業関係の存続を求める権利、また場合によっては転職への職業教育（経済的生活を含む）を確立することが不可欠な要請である。市場での移動を可能にする条件が保障されず、日本の雇用政策と社会保障制度は相まって、多くの労働者に「条件なき移動」を助長してきた。そして、これらの法政策がコロナ危機に弱い「就業者」を生みだしたことは言うまでもない。再構築の方向をコロナ禍から学ぶことができる。

二　人件費節約の法政策からの脱却

1　社会保険制度の二本立て：一部の労働者に対する労働者型保険制度

(1)　適用が除外される家計補助的労働者

　コロナ禍はとりわけ失業や失業予備軍の生活状況を通じて、雇用保険制度が脆弱であることを明らかにした。日本では年金や医療保険では被扶養者や住民として保障の可能性はあるが、失業時にはこれがないからである。労働者にも労働者型社会保険による権利が成立しない働き方は、男性労働者の安定した雇用により生活を維持される（「被扶養配偶者」）家族モデルが前提になっている。[21]被扶養配偶者は、「家計補助者」としての上限がある短時間労働に従事してきた。それを正当化してきたのが「日本的福祉社会」論であり、家庭を重視した

21）上田真理「低賃金労働における『不適切なインセンティブ』と年金権に関する一考察」東洋法学62巻3号（2019年）145頁。

「福祉見直し」を1970年代後半に自民党が唱え、展開してきた政策である。

　日本の社会保障法では、育児または親族介護をする家族の機能を重視するが、それは世帯主から扶養される「家族の一員」として家計補助型（一定の年収範囲での）短時間労働を行うことを条件とし、労働者に保険料を免除した上で、基礎年金を受ける地位が付与され（国年法7条1項3号）、また家族として療養給付の受給資格も取得できる（健保法3条7項1号）。これらの立法による「家計補助的労働者」は、通常、世帯主により生計を維持するので、独自の生活保障を必要としないとされてきた。その点で、これらの立法は、労働コストにかかわる負担を免除し、労働者型社会保険が適用されない低賃金就労の拡大を助長する刺激を付与するため、就労中立性に欠ける。

(2)　保障されない労働者

　家計補助型主婦パートとして成立した「被扶養者範囲限度内の低賃金雇用」は、重要な問題になってきた。正規労働者家族モデルの配偶者である「主婦」以外に、若い労働者、単身女性労働者もそれに従事し、低賃金労働者が成年子として高年齢の家族へ依存する結果になりやすい。保険料免除の「優遇なき非正規雇用」は、成年子の親世代の高年齢者においても急増し（図表5-1、図表5-2）、そして1990年代後半以降のフルタイム・ミドルにも低賃金化の悪影響を与えた。低賃金雇用で失業保障が無い、脆弱な労働者を、社会保障法制度は助長してきた。

(3)　「現在の」高齢者

　「現在の」現役労働者＝「将来の」高齢者の貧困予防は、ドイツでも課題であるが、日本では「現在の」高齢者の就労状況および低年金・無年金による貧困がより顕在化している。高齢期の所得保障として、日本では基礎年金の受給権に過大な期待をしてきた。被用者としての厚生年金がなくても、住民としての国民年金により、「悪い年金でも無年金にはならない」政策がとられている。しかし、60歳以上の高年齢層の年金受給額、とくに基礎年金額の低下が顕著になり、そしてこの傾向は継続すると見込まれる。[22]それに加えて、高年齢者の自営業・フリーターがさらに促進されようとしている。高齢者がコロナ感染の不

安を抱えて低年金のため働かざるを得ない状況を、労働法と年金法は相まって加速的に促進している。

(4) 自営業者

　近時、問題になっているのが、同じ業務を雇用関係以外の契約形式で担える場合である。[23]例えば、宅配の業務を例にあげると、雇用労働者または請負・委託の宅配者でも、業務を遂行してもらうことが可能である。しかし、労働法・社会保険法の扱いでは、オール・オア・ナシングになり、大きく異なる。事業者は、他者に事業を遂行してもらう場合に、人件費が大きく違う契約形式のうち、最も経費がかからないものを選択するだろう。

　従業員を雇用していない独立型自営業者が、限られた取引相手方から委託を受けている場合に、当該自営業者は、最賃法や労基法はもとより、労災保険法、雇保法、被用者年金保険、被用者医療保険の適用を受けない。ここにも、「人件費の節約」モデルが存する。そうすると、個人型自営業者として「労働者」以外の自営業が、市場で労働者と競合関係にたつならば、事業主は保険料負担のない、安い労働力を利用し、それは「不適切な刺激」になろう（脱法的「非労働者化」）。したがって、社会保障法では、「偽装」についての厳格な対処だけではなく、従業員を雇用していない個人事業主への労働者型社会保険の適用拡大が重要な論点になるわけである。ある業務が、労働契約の締結でも、業務委託でも、どちらの契約形式も遂行できるのであれば、競合する状況が生じるところに、使用者であれば社会保険の保険料を負担する一方、事業委託者であればそれを負担しないといった「不適切なインセンティブ」となる。

2　競合する契約形式：不適切なインセンティブ

(1) 「非正規雇用」の範囲

　労働者は年金保険および医療保険において、労働者型社会保険か、住民型社会保険の二つの社会保険制度に分断され、労基法上の労働者も、「就業者」と

---

22) 駒村康平「総論　高齢者向け所得保障制度の課題——公的年金と生活保護を中心として」年金と経済37巻3号（2018年）3頁以下。

23) 鎌田耕一「雇用によらない働き方をめぐる法的問題」日労研706号（2019年）4頁以下。

して社会保障の権利を確立できないことがある。非正規化、または雇用されて
もいない「非労働者化」人事政策は、「半失業」[24]をうみ、2020年4月から保障
のない休業、600万人ともいわれる「失業予備軍」となり、生活不安を蔓延さ
せている。住民型社会保険制度は、対象者を「住民」として捉え、事業主に免
除した保険料を働き手に事実上転嫁し、通常、保険料全額自己負担を原則とす
る。経済的に過度の負担を住民＝働き手に課すため、脆弱な「住民型社会保
険」にならないわけがない。なお、2020年4月から「新型コロナウイルス感染
症緊急経済対策」（同年4月7日閣議決定）により、自治体は、生計維持者の収
入が減少した世帯につき、国保の保険料を減免している。

　なぜ、労働者すべてに労働者型社会保険が適用されないのか、次にみていこ
う。

(2)　労働者型社会保険の適用の基準

　労働者型社会保険は適用または適用除外の基準を、①労働時間、②契約期間
または雇用見込み、③賃金について主に定める。雇用保険については、①週所
定労働時間が20時間以上であること、②同一事業主のもとで31日以上継続して
雇用されることが見込まれること等の要件を満たす場合には、被保険者資格が
認められている（雇保法6条）。

　健保法および厚保法については、2012年法改正（2016年10月1日施行）により
適用範囲が拡大された。すなわち、①週所定労働時間が通常労働者の4分の3
以上の者、および週所定労働時間が4分の3未満であっても、次の要件を満た
す短時間または有期雇用労働者は被保険者資格を有する（健保法3条1項9号、
厚年法12条1項5号）。すなわち、①週所定労働時間が20時間以上、②賃金が月
額8,8000円以上、③勤務期間が1年以上の見込み、加えて従業員501人規模の
企業に使用されていることである。なお、2020年5月29日に改正法が成立し
（令和2年法律第40号）、③の勤務期間は撤廃され、通常労働者の4分の3以上の
者と同様に2か月を超える期間の雇用であり（2022年10月施行予定）、さらに従

24）矢野昌浩「半失業と労働法──『雇用と失業の二分法』をめぐる試論」根本到・奥田香子・緒方
　桂子・米津孝司編『労働法と現代法の理論［西谷敏先生古稀記念論集］（上）』（日本評論社、2013
　年）176頁以下。

業員も100人以上（2022年10月）、50人以上の規模の企業に適用される（2024年10月施行予定）。

　健康保険および厚生年金の行政実務では、2016年法改正まで、フルタイムに近い短時間労働者以外は、家計維持責任がないとみなしてきたが、短時間労働者の多くが既婚者であるため、家計維持責任を負わないという考えは、実態にもあっていない。さらに、働くことにより一部でも家計を維持していれば、適用を除外するのは適切ではない。家計をどの程度維持するのかは重要ではないと考えられる。したがって、すべての「就業者」に対して、移動の自由の条件として社会保障の権利が確立されるべきである（三3で詳述）。というのも、社会保険は、個人の権利の確立だけではなく、社会的な機能も担うからである。つまり、不安定低賃金労働者に年金権が成立しないまたは低年金になるならば、公的扶助を受給することになり、租税を負担する将来の住民に転嫁することになる。

3　小括：事業主の負担を免れる「非正規化」および「非労働者化」人事政策

　労働市場での交渉力の不均衡をもたらす[25]契約形式が拡大している。民間企業だけではなく、公務労働市場での「非正規化」の推進は、地方公共団体の財政を逼迫すること等を理由に民間委託を促進し、労働市場全体の「非正規化」および「非労働者化」が進展することになる。

　低賃金不安定就労は、就労期だけではなく、支払われている賃金をもとに退職後の高齢期の年金支給額が算定されるため、持続的な負の効果を労働者にもたらす。労働者にとってきわめて重要な利益を導く地位について、優越的な立場にある事業主が自由に操作できる位置を与えることは著しく不適切である[26]。また、生活保護に優先する年金等の社会保障制度自体の機能を低下させると、その分、生活保護に負担が転嫁される仕組みになる。

　勤労者が、次世代を養育しながら、自らの生活を設計し、また親の介護も担うといった多様な時間の設計を可能にするには、労働によるある程度の生活の

25）ドイツでの労働市場改革の影響について、和田肇・緒方桂子編『労働法・社会保障法の持続可能性』（旬報社、2020年）第Ⅳ部所収の論文参照。

26）西谷敏『労働法・第3版』（日本評論社、2020年）52頁。

条件整備を社会保障制度が担うことが、将来の世代に負債を先送りしないためにも重要である。ディーセントな労働から離れる「不適切なインセンティブ」路線の法政策をとっていると、持続可能な社会の前提が崩壊することになる。[27]

三　全「就業者」型社会保険へ

1　「主婦パート」

　1980年代から、生計維持責任を負う男性労働者の「被扶養配偶者」として短時間雇用（主婦パート）につくことを、既婚女性に促してきた。「扶養限度内短時間労働」に従事する者は、一方で、基礎年金（国年法7条1項3号）や被扶養者としての家族療養費（健保法3条7項1号）の保障をうけるが、他方で失業、病気、育児・介護などにより一時的に仕事に従事しない期間に労働者としての所得保障の請求権は否定される。

　同様のことは、生計維持の責任を負う場合でも、フルタイム労働を希望しながら短時間労働に従事する「半失業者」にも生じる。皆年金・皆保険制度を理由に、被用者としての厚年法の適用除外は、国民年金（および国民健康保険）による「受け皿」があると正当化された。超短時間労働に限定されない、多数の労働関係についても人件費を経営的観点から計算をすれば、やはり損得勘定が使用者にうまれ、安い労働力への置き換えを助長する。[28]このようにみると、継続した「雇用の見込み」がないフルタイムに近い労働者にも労働者型社会保険を適用除外してきたことは、「不適切なインセンティブ」である。この日本的特質には問題が大きい。

2　非自立的自営業者とは
(1)　「就業に中立的な」保障制度：移動を可能にする経済的生活

　失業や一時的な病気に対する社会保障制度は、労働者の市場での移動を可能にする条件になる。労務供給形態の選択を通じた移動が、そのような機能を担

27）上田真理「非正規労働と社会保障法」和田・緒方・前掲注25）書321頁以下を参照。
28）Raimund Waltermann, Digitalisierung der Arbeitswelt und Schutz Kleiner Selbstständiger durch das Sozialversicherungsrecht, SGb 2017, S.425, S.429. 上田・前掲注21）論文152頁以下。

う社会保障の阻害要因にならないことが要請される。非自立的自営業者に対する「移動の自由の平等」にかなうように、雇用されている労働者に類似した自営業者について検討する。

(2)　「就業者」としての非自立的自営業者

　労災保険法や雇保法も、それ以外の健保法・厚年法の対象である「使用される者」を労基法上の労働者とするのが通説である。しかし、本章では、社会保障法において雇用されるまたは「使用される」者を拡大して捉えている。その際には、フリーランスかどうかは、形式的な契約形式だけで判断されるのではなく、事実に従って判断される。したがって、「名ばかり自営業」はもとより、契約締結時のみならず、むしろ契約締結後の業務遂行の実態が、選択された契約形式と乖離があるかどうかが重要である。それらが整合していないならば、通常は、自立的なフリーランスではなく、非自立的な自営業、または短時間労働の非正規雇用労働者である。休業手当、そして病気、失業時に対する保障、高齢期などの年金権も「就業者」として権利を形成できる可能性が大きい。

　就業場所・時間、業務の遂行方法についての使用者の指揮命令権は役割が小さくなるとしても、純粋に成果のコントロールのみを受けるのではなく、現実には指揮命令権に代わるコントロール下にいないのかを、例えばデーターのネットワークへの拘束が生じないのか、社会経済的な状況の変化のなかで捉える必要がある[29]。

(3)　社会保障での「就業者」の捉え方

　そもそも、労働関連法には、労基法上の労働者を対象とする定めがある。例えば、労安衛法は労基法と相まって職場における労働者の安全と健康を確保するとし（労安衛法1条）、そこでの労働者を労基法の労働者と定義しているが（同法2条2号）、このような定めは、社会保障法の中には存しない。したがって、労基法上の労働者に限定する必然は形式的にはない。むしろ、雇用と自営の二分法を維持したうえで、労基法上の労働者に保護対象を限定し、労働者型

29）Franz Ruland, Beschäftigungsverhältnis oder "Neue Selbständigkeit"?, NZS 2019, 681, 685.

社会保険の機能を縮小させることこそ問題をうむと捉えるべきである。[30]

　「就業者」の生活保障制度の適用の核心にあるのは、雇用契約の締結による労働者であるが、一方の労働者もコロナ禍による就業場所の拘束が小さくなり、労働者の自営業者化も生じていることである。他方の自営業者も多様になり、インターネットを通じて委託された業務に従事する自営業者や、業務委託によるIT業などのフリーランスは、就業時間・場所は自由であるが、交渉力が小さく、労働者に近い働き方もみられる。

⑷　運送業を例に

　日本でも、ウーバーイーツのような自転車での配達業務をインターネット上のプラットホームを通じて仲介する働き方が問題になり、とくに事故による保障もない状態である。これまで、運送業の事故への労災保険法の適用は裁判にもなってきた。車持ち込み運転手について、最高裁判所は、労災保険法上の労働者も労基法上の労働者と判断し、本件については労働者性を否定している。[31] 業務に必要なトラックを自己所有していない場合には、運送業務の従事者に事業者性を認めることは困難であり、労働者としての生活保障を認めるべきである。[32]

　とはいえ、インターネット上のプラットホームの仲介による働き方は実態が不明であり、また多様である。一方で、自転車での配達業務は、労働者に類似したコントロールを受ける業務であるのに対し、他方で、日本でも最近広まりつつある、家事代行・家事支援などのサービスの提供では、実際に顧客がサービスを受けて料金を決める場合もある。このようなインターネットを通じた業務に従事する場合には、業種によってもかなり多様な法的関係が形成されている。それにもかかわらず、労働者、自営業者、そしてそれら以外の中間カテゴリーを用いたとしても、それが合理的な解決をもたらすとは評価できないとい

30）裁判例には雇保法の被保険者資格について、労基法よりも広く解するものもある（福岡高裁平成25年2月28日判決・判時2214号111頁）。

31）横浜南労基署長（旭紙業）事件・最一小平成8年11月28日判決・労判714号14頁。

32）宅配業務について、カーゴスタッフ事件・静岡地裁平成25年8月9日判決・LEX/DB25501645、バイク便について、ソクハイ事件・東京地裁平成25年9月26日判決・労判1123号91頁、同事件・東京高判平成26年5月21日判決・労判1123号83頁。

う考え方がある。そのため、本章では中間カテゴリーを用いる方法をとらない
で、労働者の範囲を拡大する方法をとる。

　例えば、自転車での配達業務では、業務の依頼に対して一定の率を下回ると
アプリが利用停止され、事実上は依頼に対する諾否の自由がほぼなく、配達時
間など、業務の進め方が指定されるなど一定の規律に従う行動を要するのであ
れば、非自立的な「就業者」と判断できると考えられる。[33] 社会保障法では、例
えば、一定の自営業者についても「就業者」とみなす定めをおき、脱法的な非
労働者化の拡大を有効に阻止する定めが不可欠である。

3　家計を「一部または全部」維持する雇用労働者への適用

　雇保法について、二つの適用拡大を検討する。一つは、自己の生計を維持す
る責任を負う労働者（典型的には、男性正規労働者）のみを従来は対象としてい
た点である。二つは、パート・アルバイトの「シフト制」の労働時間が不確定
な働き方である。

　まず、雇用労働者のなかで、短時間または短期間労働者が、とくに生計を維
持する責任を負っていないという理由で適用されてこなかったことの弊害を解
消するべきである。労働力に依拠して生活を営むすべての人に、とくに失業や
一時的な病気による休業保障が必要であり、コロナ危機は、被扶養者限度内で
「優遇」されていた労働者や、不安定な処遇をうけていた自営業者こそが、ク
ライシスにもっとも脆弱であることを国際的にも浮き彫りにした。すべての
「就業者」に失業や病気などの期間について生活を保障する制度は、職業生活
の継続を図り、すべての住民に生存権を多層に具体化する（憲法25条）。そこで、
雇保法の「週20時間」は、一定の労働により生計維持をする者のみを対象とす
る基準であるため、これを、労働力を用いて生計の「一部または全部」を維持
している「就業者」（一部の自営業者を含む）を対象とするように変更する必要
がある。雇保法をすべての「就業者」の労働移動の自由に付随する社会保障制
度の一つとして位置付けるように、社会保障全体がそうした方向を目指すべき
である。[34] 雇保法における高齢者の位置づけも問題になるが、ここでは取り上げ

33）川上資人「『ギグエコノミー』がはらむ労働・雇用の法的問題」経済276号（2018年）42頁以下。

ない。

4　「シフト制」への雇保法の適用

(1)　パート・アルバイトの「シフトがはいっていない」状況

　労働時間を定型的に決めない柔軟な働かせ方の一つに、いわゆるシフト制がある。パート・アルバイトの（短時間）労働者に、翌月の労働時間の長さ、開始・終業時刻も少なくとも明示されていないことがある。雇用契約書等によっても「１週間の所定労働時間が定まっていない場合やシフト制などにより直前にならないと勤務時間が判明しない場合」に、緊急事態宣言前にシフトが作られていないと、休業手当を受けることができないのかが問題になった。シフトがはいっていれば「休業」手当の保障が必要であるが、「シフトがはいっていない」＝（翌月の１か月間の）所定労働日数が不確定であり、翌月の就労見込みはないとされ、休業手当が支払われないケースがあった。これに対して、行政実務では、過去の就業の実績があれば、その平均の労働時間を基に、シフトがはいっている場合に得られた収入の代替として休業手当を使用者は支払わなければならないとされている[35]。

(2)　雇保法は適用されないのか

　休業手当が支給されない中小企業の労働者には、2020年６月に「新型コロナウイルス感染症対応休業支援金・給付金」が定められ、中小企業の休業時に労働者の申請により支給され（80％）、雇保法の適用除外でも支給され、コロナ禍にあって重大な影響を受けた学生も対象になる。しかし、そもそも、「就業者」にとって失業保障の対象になるのかは重大な事柄であり、雇保法の被保険者として扱われないのかみておこう。

　シフトが定まっていない場合には、雇保法が適用されるのかは、過去の勤務実績に基づき算定される平均の所定労働時間によっている。先述したように、

---

34)　コロナ禍により例外的または緊急時の措置の対象とされた勤労者を参考にできる（脇田滋「コロナ禍での非正規労働者の苦境：休業保障制度の改善点と残る課題」経済299号（2020年）96頁）。

35)　厚生労働省「新型コロナウイルス感染症対応休業支援金・給付金 Q&A（全体版）」（2020年８月21日更新）７頁。

行政実務では「雇用契約書等により1週間の所定労働時間が定まっていない場合やシフト制などにより直前にならないと勤務時間が判明しない場合については、勤務実績に基づき平均の所定労働時間を算定する。短期の勤務実績では不適切な場合もあり、また契約解釈によるだけでは「就業者」の失業保障に漏れが生じる可能性もある。契約当事者が労働時間を定めていない場合には、最低労働時間として「週20時間労働とみなす」定めが考えられる（ドイツでは「オンコール（呼出し）労働）」についてであるが、パート・有期労働契約法12条1項3文）。潜脱の可能性を解消できる定めをおくべきである。

(3) 労働契約締結を意図していない「シフト制」

労働時間が不確定であるだけではなく、そもそも労働契約の締結を意図していないことも想定されるようである。しかし、雇用以外の契約形式では、例えば、福祉業務について、裁判所は、労働契約ではなく業務委託契約が締結されていたケースに関し、シフト表に基づく勤務であり、業務委託契約ではなく労働契約の成立を認めている。[36] 業務遂行の指揮命令や、就業場所、就業時刻、その長さ、配置について指揮命令・コントロール下にあったのかを考慮すれば、シフト制は、まさに労働時間の拘束が明らかであり、雇用保険だけではなく、社会保険法上は「使用」されている「就業者」である。日本のパート・アルバイトに広く広まった「シフト制」は、明確に労働時間、長さ、状況を定めることなく、まさに使用者の業務（量）の必要にしたがって時間を決定する働かせ方であるので、時間的拘束のある労働者であり、労働者型社会保険が適用される。

もっとも、労働者型社会保険の適用を当事者が望まないこともある。とくに人材が集まらないという理由で、保険料を控除しないで、その分労働者の手元に収入として残そうという意図がある。しかし、社会保険加入義務の有無といった法的判断に、特定の人材不足の業種であることを考慮に入れるのは適切ではない。[37] 社会保険の保険料の免除により、職の魅力を高め、その分報酬を引き

36）医療法人一心会事件・大阪地判平成27年1月29日判決・労判1116号5頁。
37）類似した問題はドイツでも提起されている（ドイツ連邦社会裁判所2019年6月7日判決（BSGE 128, 205）、Ruland, a.a.O.（Fn.29）, S.686）。

上げるのを可能にするために、保険加入義務および保険料負担についての社会保険法上の諸規定を潜脱することは許されない。

四　おわりに

　コロナ禍は、労働力に依拠した生計維持をする者の生活保障制度に、次の課題をつきつけた。一つに、市場における移動自由の機会の平等を目指すために、失業、病気、高齢、事故といった社会保険による保障制度は、労基法上の労働者の生存権を核心部分としながら、全「就業者」に外延を広げることが不可欠である。二つに、市場における両性の参加に整合する、租税による普遍的な保障が必要である。三つに、高齢者の劣悪な就業は、労災事故だけの問題ではなく、ひいては若者の就業の機会をも減少させる。高齢者就業に対する社会保障（年金権に加えて、医療保険・福祉サービス費用負担）が脆弱であるのは日本の特質であり、この克服が重要な課題である。

　市場での移動自由には、それを可能にする諸条件があることをコロナ禍は明らかにしている。一つに、ディーセント・ワークを可能にするために、職業教育・訓練が条件になることであり、二つに、それらには当然に経済的生活の保障が付随するのであり、すべての「就業者」に保障されるべきである。

〔上田真理〕

第6章

フリーランスのセーフティネット

はじめに

　コロナ禍は、すべての労働者に影響を与えているが、特に有期雇用、パート雇用、派遣労働といった非正規雇用の労働者、あるいは外国人労働者の雇用破壊が大きいことをこれまで見てきた。それは2008年のリーマン・ショック後に大きな問題となった「派遣切り」や「雇止め」、あるいは日系外国人の雇用喪失と似ている。これに加えて、今回新たに浮上したのが、この間に増加したフリーランスの甚大な収入減である。

　「フリーランス」について決まった定義はないが、本書では請負や委任という労働契約（雇用契約）以外の契約形式で就業（労務提供）し、その対価を得ている者、たとえば演劇関係者、音楽関係者、通訳ガイド、インストラクター、フリーのジャーナリスト、ITソフト開発者などを指すものとして使っている。

　フリーランスへの影響が深刻なのは、労働法や社会保険法（とりわけ労働保険、被用者保険）の保護を受けない扱いをされているからである。世間には、「拘束を嫌がる働き方なので、その分、保護に欠けても仕方がない」という意見があるが、こうした考え方は自明のものではない。たとえばフリーランスの音楽家や芸術家にいち早く公的補償を行ったドイツ、フランス、イギリスなどの例がある。それは国の文化政策にも関わっている。日本でも現実に様々な補助金や給付金が支給されるようになっている。

　政府は今、働き方改革の中で「雇用関係によらない働き方」を推奨し、それを拡大しようとしている。その是非はここでは十分に論じきれないが、少なくともフリーランスの拡大政策を講じるにしても、その際に考慮しなければなら

ない点、施策のあり方が、コロナ禍で明らかになっている。

一　コロナ禍でのフリーランスの現状

まずマスコミ等で報道されたいくつかの事例を紹介し、フリーランスの状況の一端を明らかにしておきたい。

【ケース1】（NHKクローズアップ現代4月16日）

新型コロナウイルスの感染拡大を受けて、イベント中止や営業自粛が相次ぐ中、舞台の裏方、ジムのインストラクター、ツアーガイドなど、フリーランスとして働く人たちが追い詰められている。緊急事態宣言が出された後、事態はより深刻化し、「唯一残っていた仕事もなくなった」、「もう生活できない」という悲鳴があがっている。こうした中、少しでも収入を得たいと増えているのがインターネットで単発の仕事を請負う「ギグ・ワーカー」だ。仕事は多岐にわたり、スマホアプリで登録すれば誰でも働ける上に、外出自粛で食品デリバリーなどの仕事が急増しているため、本来の仕事がなくなった人たちの受け皿にもなっている。一方で、人との接触が多い仕事では、感染したり広げたりするリスクを懸念する声も少なくない。実は、新型コロナウイルスの感染拡大が続くなかで、日本だけでなく欧米でもこうした人たちの仕事や安全をどう守っていくかが大きな議論になっている。今や全国で300万人超に増えてきているとされるフリーランスの人たちをどう守っていくかを考える。

スポーツインストラクターAさんの場合、5つのジムと契約しているが、緊急事態宣言が出された後、すべての仕事がキャンセルとなった。舞台俳優を目指してきたBさんの場合、舞台の大道具を作る仕事をフリーランスとして請負い、生計を立ててきた。いずれも直面しているのが休業補償の問題である。

【ケース2】（INTLLOPのHP：https://www.intloop.com/news/questionnaire-report/）

フリーランスのエンジニアやコンサルタント向けプロジェクト案件紹介事業などを行うINTLOOP株式会社が2,922名を対象に2020年3月31日（火）〜4

1）脇田滋編『ディスガイズド・エンプロイメント　名ばかり個人事業主』（学習の友社、2020年）は、典型的ないくつかの事業主の実態を明らかにしている。

月 2 日（木）に実施した、「フリーランス人材への新型コロナウイルス感染症の影響アンケート」の結果。

　仕事量減少が85％、減少の程度は、「1 割程度」、「3 割程度」、「半減」、「まったく仕事がない」がそれぞれ全体の17〜20％いる。

　収入減少が75％、減少の程度は、「1 割程度」、「3 割程度」の減少がそれぞれ20％ほどで、「まったく収入なし」が16％いる。

　こうした反面で、仕事量増加が15％、収入増加が25％という結果も出ている。これまでの仕事の分野にこだわらず、スキルを広げていくことで増加へと転ずることができている。

【ケース 3 】　（KYODO ほか2020年 4 月22日）

　企業がインターネットを通じて個人に仕事を発注するサービスを提供する「クラウドワークス」が、登録している1,400人に対して行った、新型コロナウイルス感染症によるフリーランスで働く人への影響を調査した結果。

　65.1％が収入に影響が出た。その内訳は月収の減少額が「20万〜50万円」との回答が5.9％、「10万〜20万円」が9.8％、「5 万〜10万円」が14.8％、「〜 5 万円」が34.6％。

【ケース 4 】　（雨宮処凛のブログ：https://maga9.jp/200422-1/）

　コロナ経済危機を受けて 4 月18日、19日に全国25カ所で開催された「コロナ災害を乗り越える　いのちとくらしを守るなんでも相談会〜住まい・生活保護・労働・借金 etc.〜」の電話相談、全国で約5,000件の相談。

　この「ホットラインに参加して改めて驚いたのは、窮地に立たされている自営業やフリーランスの多さだ。」「特に痛感したのは、多くのフリーランスがなんの補償もないままに放り出されているということだ。」「話を聞きながら、フリーランスという立場の弱さにため息が出そうになった。同時に、リーマン・ショックや派遣村の教訓が全然生かされていない、と悲しくなった。」「内閣府の19年の推計によると、フリーランスで働く人は300万人以上。この12年間は、いわば、『ひとつの企業が責任を持たなくていい人』が増やされてきた年月でもあったのだ。」

【ケース 5 】　映画業界　（https://eishokuren.jimdofree.com/ 活動報告／コロナ禍実態調査アンケート−結果リポート／）

　監督、撮影、照明、美術、録音、編集、スクリプター、シナリオという8つの職能団体の連合会である映職連（日本映像職能連合）は、緊急事態宣言中の4月28日〜5月17日にフリーランスの映像関係者にアンケート調査を行っているが（回答者数500人強）、仕事が途中で中断になった34.4%、仕事が始まる前に中止になった21.8%、仕事が延期になった28.4%、仕事は続いているが今後のスケジュールが変わった12.6%、特に影響なし2.8%と、「休業による大きなダメージを受けた人」だけで84.6%に上っている。影響は特に映画42.5%、連続ドラマ21.5%、ネット配信5.9%に集中している。

　以上、コロナ禍で起きたフリーランス問題の一端であるが、そこから見えてくることがたくさんある。とりわけ重大なのは、営業の停止・短縮期間中の収入と生活の補償が脆弱な問題である。なお、この間に急増したのがウーバーイーツの配達者であるが、これについては章末にある川上資人のコラムを参照していただきたい。

二　フリーランスの経済支援

1　フリーランスの休業補償

　フリーランスは、何らかの労務を提供し、その対価としての報酬を受け取るが、その契約が労働契約（雇用契約）でないために、労基法9条の労働者ではないとされている。そのため会社の都合で休業する場合に休業手当（労基法26条）を受け取れる労働者とは異なり、営業や就業ができなくなると、その期間中の補償がない。

　フリーランスはまた、雇用保険法の適用事業（同法5条）に雇用される労働者（同法4条1項）ではないため、事業や就業を廃止・停止したとしても、同法の適用がある労働者が受けられる失業補償（失業等給付）が得られない。

　つまり、彼ら・彼女らは、コロナ禍で営業や就業ができなくなっても、現在の法体系では何ら生活補償がないことになる。十分な預貯金があったり、金融機関から融資が受けられない限り、あるいは他の職に就くことができないと、最終的なセーフティネットといわれる生活保護に頼るしかない。こうした事態は、経済自体にとっても大打撃となる。

2　多様な支援制度

そこでコロナ禍の中で政府はフリーランス支援制度を拡充している（詳しくは内閣官房「新型コロナウイルス感染症に伴う各種支援のご案内」を参照）。その根拠は、憲法25条の生存権保障、同法26条の教育権保障にある。

そうした措置として、すべの国民を対象とした一律10万円の特別定額給付金（緊急避難的ベーシックインカム）、子育て世帯を対象とした臨時特別給付金、生活が苦しい一人親世帯への臨時特別給付金、休業による収入源で住居を失う恐れがある人への住居確保給付金、アルバイト収入減で学業継続が困難な学生[2]への支援緊急給付金などがある。

また、中小企業・小規模事業者、個人事業主への給付として、売り上げが半分以下となり事業の継続が苦しい人への持続化給付金、家賃支払が苦しい人への家賃支援給付金、事業再開に向けた投資をしたい人への補助金である持続化給付金が支給され、また貸付として実質無利子・無担保融資がある。

その他、国民健康保険料等の減免、国税・地方税・社会保険料の納付猶予等がある。フリーランスを含めて休業状態で生活に困っている世帯向けに、緊急小口資金（最大20万円）、総合支援支援資金（2人以上世帯で20万円×3か月、単身世帯で15万円×3か月）の貸付制度も整備されている。各地の社会福祉協議会を通じて、あるいは指定された郵便局を通じて申請し、無利子・無担保で借りられる。

以上は、定常的な社会保障制度ではなく、あくまで緊急避難的な経済対策・政策である。コロナと共存している中での、あるいはポスト・コロナでの日本経済の行方は、こうした措置が有効に機能するかにかかっている、と言っても過言ではない。

3　臨時措置としての持続化給付金

第3章でも触れたように、会社（労基法では事業）に雇用されている労働者は、

2）高等教育無償化プロジェクト（FREE）が、4月上旬にインターネットで行った「新型コロナ感染拡大の学生への影響調査」の中間報告（4月22日公表）では（119大学の514人の回答）、家計を支える人の収入が減った者36.4%、同収入がなくなった者3.3%、バイト収入を生活費に使っている者60%、バイト収入を学費に使っている者17%、バイト収入が減っている者60%、ゼロになった者23.0%との結果で（https://www.free20180913.com/2020-04-22）、学生への支障の大きさが分かる。

自宅待機等を命じられた場合、休業手当が支給され（民法536条２項による賃金全額が支給される場合もある）、当該会社は労働局にその補填として雇用調整助成金を申請できる。ところがフリーランスはこうした補償がなく、コロナ禍は多くの自営業者や雇用によらない働き方をしている者の生業基盤を奪っている。

　政府は、それへの対策の一つとして「持続化給付金」の制度を新たに設けた。４月下旬に成立した第１次補正予算で制度化され（２兆３千億円）、５月１日から申請が始まっている。

　①　対象者は、新型コロナウイルス感染症の影響で売上が前年同月比で50％以上減少している事業（資本金10億円以上の大企業は対象外）や個人で、NPO 法人や医療法人、社会福祉法人など、他の補助金等では対象外となってしまう会社以外の法人も対象である。

　②　給付額は、最大で法人200万円、個人事業者100万円で、昨年１年間の売上からの減少分が上限となる。

　③　オンライン申請が基本で、申請後２週間程度で給付される予定となっている。

　この制度は、開始後１か月半を超えた６月中旬までに、206万件余りの申請があり、このうち151万件余りに支給を行い、全支給額が２兆円を超えた。当初の予算では足りなくなり、そのため６月12日に成立した第２次補正予算２兆円弱が追加計上された。11月９日段階での実績は図表6-1のようになっている。給付件数は約368万件に及んでいる。

4　持続化給付金の問題・課題

　NHK ニュース（６月11日）は、持続化給付金が始まって１か月強経ったところで、次のような状況をレポートしている。持続化給付金で、初日（５月１日）に申請された18万件余りのうち、６月９日の時点で97％に支給を実施した一方、5,489件については申請内容の不備などを理由に審査が終わっておらず、支給されていない。このため経産省は次週にも専門のチームをつくり、個別の対応を強化することになった。

　また、５月から始まった、住民基本台帳に記録されている者全員に一律10万円を支給する特別定額給付金でもオンライン申請で記載不備・ミスあり、オン

図表6-1　持続化給付金　給付実績

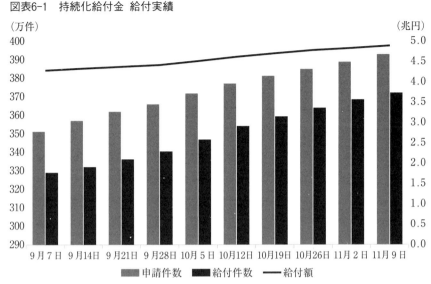

〈出展〉経済産業省「持続化給付金の申請と給付について」
https://www.meti.go.jp/covid-19/jizokuka-info.html

ライン申請を停止した自治体もあったが、持続化給付金でも既に同じ問題が発生していた。手続簡素化のために導入したオンライン申請ではあったが、個人情報が2度にわたり流出する問題も発生している。厚労省はソフト開発が短期間過ぎたためと言うが、ITやLoTの活用が盛んに喧伝されている中で、膨大な金銭に関わる政府関係の業務でもこの状態である。

　持続化給付金を受けるには、仕事の有無や本来得るべき収入などの証明を求められる。しかし日本では、フリーランスに仕事を発注する企業が、契約書を発行しないことも多く、それが支給金受取りの障害になっている。そこで、納税証明書など前年同期の収入実績に基づき支給額を算出する手法を求める声が上がっていた（https://www3.nhk.or.jp/news/html/20200616/k10012471701000.html）。

　もう一つ6月に大きな話題となったのが、透明性を欠いて、公的資金の無駄使いになっている懸念が出た民間委託、再委託、再々委託（さらに無限に続く！）の問題である。政府もその全容を把握していなかった。持続化給付金をめぐっては、事業を769億円で一般社団法人「サービスデザイン推進協議会」

が受注したが、そのうち749億円で電通に一括再委託し、同社がさらに関連会社（電通ライブ、電通テック、電通デジタルなど）などに外注し、そこから外注（パソナ、大日本印刷、トランスコスモなど）していた点が問題視された。公金の「中抜き」の疑いがあると野党が批判し、政府・経産省も対応を迫られた。この問題は7月になってようやく改善された。

　なお、この給付金は「世帯主」に家族分を一括して支給されるため、DV等で避難している人が受給できない問題が生じている。詳しくは、第7章も参照されたい。

　政府や通産省と一部業者のつながりは（森友スキャンダルや加計スキャンダルの時にも）かねてから指摘されており、コロナ禍で政権のこうした体質が一層明らかになった。コロナ禍対策の一番の問題は、国民の政府に対する信頼度の低さ、失墜にあるのかも知れない。

5　文化芸術家支援

　日本でもようやく6月になって文化芸術関係者への財政支援等が行われるようになった。その内容は、給付金として、標準的な取り組みを行うフリーランス等向け上限20万円、より積極的な取り組みを行うフリーランス等向け上限150万円、小規模団体向け上限150万円、中・大規模団体向け150万円〜2,500万円、その他として文化芸術・スポーツ活動の継続支援、文化芸術収益力強化事業等がある（全体については、文化庁「令和2年度補正予算等における文化芸術関係者への支援」を参照）。支援総額は500億円に上る。これら給付金などは、音楽、演劇、映画、雅楽や能楽、歌舞伎など日本の伝統芸能、漫談・漫才などの表現者ら以外にも、サーカスや大道芸、DJなど、同庁が従来は支援対象としてこなかった分野にも広げられている。

　支給額は、後述するヨーロッパの国とそれほど遜色はないようであるが、日本の特徴は、演劇者、作家、映画関係者、能楽師、各地の文化芸術団体などが、窮状を訴えて積極的に陳情を行った点である。また、ミニシアター支援、各地の文化芸術関係者、団体等の芸術や文化を支援するクラウド・ファンディングが積極的に展開された。このようにコロナ禍で、国の文化芸術政策の立ち後れと、それを補うかのような市民活動の積極的な動きが際立っている。

三　海外でのフリーランス支援・経済補償——ドイツを中心に

1　海外での経済支援

　このように、苦境に陥ったフリーランスに対する政府の支援は、段階的に拡充されてきている。しかし、海外と比べるとなお見劣りしているとの指摘も多々聞かれる。

　たとえばイギリス政府は3月26日に、新型コロナウイルスの感染拡大に伴い収入が急減した自営業者やフリーランスを対象に、1か月の所得の80％分を直接支援すると発表した。月額2,500ポンド（1ポンド＝約130円）を上限に3か月分を支給する。約380万人が対象になるとみられ、過去3年の確定申告をもとに支給額が決められる。現在、自営業者が500万人以上おり、10年前の金融危機以来、その数が急速に増えているが、今回のスキームではこのうち380万人が対象となる見込みである。

　また、文化芸術に関する公的助成機関であるイングランド芸術評議会（ACE）は3月24日、イングランドのアーティストや劇場、ギャラリー、美術館などに合わせて1億6,000万ポンド（1ポンド＝約135円）を注入すると発表した。

2　ドイツの経済支援・補償

　(1)　ドイツもほぼ同じ時期に同様の経済支援を行っている。[3]ドイツでは3月22日にロックダウン（営業と人の営み、接触の大幅な制限）に踏み切ることになるが、それによって日本と同様に多くの人や事業所が営業活動を制限され、生活困難に陥る。政府等が行ったそれへの補償は、日本とは大きく異なり、機敏で充実したものであった。

　3月27日には、コロナ禍に対応するための社会法典（Sozialgesetzbuch）の各

3）ドイツ連邦共和国大使館「新型コロナウイルス：ドイツ政府の経済支援対策」（2020年4月15日、および https://www.freelancermap.de/blog/corona/ を参照。ドイツが実施したロック・ダウンの手法、生活支援、それを支える財政状況等については、熊谷徹『パンデミックが露わにした「国のかたち」』（NHK出版、2020年）142頁以下、176頁以下も参照。

分野の改正をする「社会的保護パッケージ法」（Sozialschutz-Paket Gezetz）が制定され、生活に困窮をきたす小規模事業、個人事業主、失業者、高齢者、生活保護を必要とする者に対する包括的な緊急保護対策が講じられている。その中に総額500億ユーロ（1ユーロ＝約120円）に達する「即時支援」（Soforthilfe Corona）と言われる支援策がある（3月30日から申請開始）。

　即時支援とは、簡易な手続（オンラインによる）と審査によって一時的に申請者に直接支給される給付金のことである。経営の存続危機あるいは倒産危機にあることを証明する文書を提出する簡易な手続と、取り急ぎ書面で審査し、後に経営危機と支援が必要かどうかを詳細に審査するという審査手続が採用された。第3章の補論でも述べた「迅速に、非官僚的に」がここでも貫かれている。労働者を使用していない一人自営業者、フリーランス[4]、従業員5人までの企業には最大9,000ユーロ、従業員数10人までの企業には1万5,000ユーロが支給される（場合により2か月分も可能）。これらの対象者には、芸術家やフリーランスのクリエーターも含まれている[5]。支援は5月30日までの時限的な措置であったが、8月下旬にこの措置は12月末まで延長されている。

　(2)　この「即時支援」では経営に関する費用に限定されており、日常生活費用をカバーするものではなかった。そこで政府の要請に基づいて州政府も独自の支援制度を設けていくが、多くの州で家賃、食料、生活必需品など自分の暮らしを守るために利用できる「即時支援Ⅱ」を始めた。最初に行ったのがベルリン市で、モデルケースと言われた。

　ドイツの文化行政は基本的に州の権限であるが、州の支援はスピードの速さでも秀でていた。ベルリン州は連邦政府に先んじて独自のフリーランスの補助金の支援を行った。他州と比べてフリーランスの割合が高いこともあるが、その多くは芸術家である。3月いっぱいで10万人以上のフリーランスや個人営業者、小規模事業者が救済され、その中には多くの芸術家が含まれていた[6]。その

---

4) freelancemap社がドイツ語圏でのIT関連のフリーランスに対して3月上旬に実施した調査（回答者664人）では、従事しているプロジェクトがキャンセル40％、停止34％、リモートで継続19％、変化無し8％、就業存続危機については、肯定34％、否定46％、不明20％とそれぞれ回答している（https://www.freelancermap.de/blog/corona-studien/）。

5) NEWS JAPAN 2020年3月25日（https://www.bbc.com/japanese/52030684）、同月27日（https://www.bbc.com/japanese/52059296）。

結果、たとえばベルリン在住の日本人のフリー・ピアニストや映像ディレクターにも申請後２日で5,000ユーロが口座に振り込まれたことが報道されている（NHKBS ニュース2020年４月14日、HUFFOST 2020年４月20日）。

　ただし、ベルリンの補助金については、初期段階でサイトがダウンし、また「早い者勝ちではないから焦らずに」との役所の発表にもかかわらず、予算の制限もあったために結果的に早い者勝ちで終わってしまい、その点で批判や不満が噴出した。

　(3)　連邦政府もまた、文化分野のための救済策に力を尽くしている。４月29日、新型コロナウイルスの流行により公演が中止され、資金難に苦しむ交響楽団など国内のプロの楽団を対象に540万ユーロの支援金を用意したと発表した。ドイツはクラシック音楽の本場だが、各地の文化施設が３月に閉鎖され、公演中止が続く。政府当局者は音楽の伝統を守りたいとの考えを示した[7]。具体的には、オーケストラへの財政支援、フリーの芸術家等の仕事の経費や家賃への補助、社会保険への加入の簡素化などの措置が講じられている。

　このように芸術、文化関連産業への経済支援が本格化した背景には、「芸術は社会の生命維持に不可欠な存在です」という文化大臣の発言に象徴的に見られる、ドイツの文化に対する共通認識がある。つまり、芸術がドイツ文化の不可欠の一部であること、経済の大きな部分を担っていること、そしてポスト・コロナでは芸術が重要な役割を担うことが期待されているという背景にある。

　さらに９月からは、「新たな文化のスタート」（NEUSTART KULTUR）というプログラムがスタートしている。これはいくつかの部分から成るが、その１は、９月上旬から始まったプログラムで、コロナ下あるいはポスト・コロナに向けた文化芸術活動や施設を維持するためのもので、2,500万ユーロがそれに当てられる。その２は、９月中旬から始まった、コロナ禍で急増した造形作家・芸

6 ）ベルリン市経済・エネルギー・産業局プレス発表（2020年４月１日）同局 HP（https://www.berlin.de/sen/web/presse/pressemitteilungen/2020/pressemitteilung.914525.php）。ベルリンでは、従業員数10人以上の文化・情報企業については、５月19日までの時限的な措置として、最高２万5,000ヨーロの「即時支援Ⅳ」が支給されていた。

7 ）Bundesregierung, Soforthilfe vom Bund - Unterstützung für Kunst und Kultur（https://www.bundesregierung.de/breg-de/themen/coronavirus/soforthilfe-kultur-1749620）. このプログラムでは博物館への支援も公表されている。

142

図表6-2　ドイツ・日本の財政収支（対GDP比）の推移
（2000年〜2018年）（単位：％）

	2000	2003	2006	2009	2012	2014	2016	2018	2019
ドイツ	-1.58	-3.70	-1.65	-3.15	0.01	0.58	1.18	1.86	1.44
日本			-2.97	-9.78	-8.30	-5.64	-3.46	-2.28	

〈出展〉　OECD Data, General goverment deficit より作成
https://data.oecd.org/gga/general-government-deficit.htm

術家のデジタル映像やAIの利用を支援するもので、同じく1,500万ユーロが割り当てられる。その3は10月から開始されたプログラムで、新たなコンセプトでのセミナー、ワークショップ、各種集会の開催を支援するもので、1,500万ユーロがそれに当てられる。このように相次いで芸術家支援策が実施されているが、そこに貫いているのも、市民生活にとって文化芸術は不可欠なもので、それを公的に支えていかなければならないという考え方（哲学とも言える）である[8]。

（4）　即時援助プログラムは、新型コロナ禍の結果、存続危機になるような経営状態となり、大量の倒産を回避するために償還が不要な支援を行うものである。3月19日のテレビ演説でメルケル首相は、「私たちには、この厳しい試練に直面する企業や労働者を支援するために必要なあらゆる策を講じる力があり、また意思があります」と述べていた。

5月15日には新たに「社会的保護パッケージ法Ⅱ」（Sozialschutz-Paket Gezetz Ⅱ）が制定され、中期的な社会保護政策が講じられている。その中では操業短縮手当の改善、失業給付の延長などが行われている。

（5）　ドイツ政府は、3月段階で250億ユーロ、6月に1,300億ユーロの景気刺激策を講じ、また付加価値税を7月から12月にかけて19％から16％への引き下げ（200億ユーロ分の減税）を行っている。連邦や州政府は以上のような多額の支援策を矢継ぎ早に打ち出したが、2012年度以降は黒字財政が続いており、こうした健全な財政事情が矢継ぎ早の財政支援策の背景にあると指摘されている[9]

8）2020年9月15日連邦文化大臣の記者発表（Weitere Bundeshilfe für Kultur- und soziokulturelle Zentren -Grütters: "Kulturelle Teilhabe vor Ort gerade in der Corona-Krise sichern"）。プログラムについては、www.kulturstaatsministerin.de/neustartkultur を参照。

（図表6-2を参照）。図表での財政収支は、一般会計（国・地方自治体・社会保障基金）において、歳入から歳出を差し引いたものである。図表では参考までに日本との比較を行っている。

　ドイツでは憲法に当たる基本法（Grundgesetz）で財政収支均衡の原則が規定されている。この収支均衡原則は、第一次大戦後のハイパーインフレーションの経験から導入されたものであるが、現行の2009年改正基本法109条3項および115条2項で、「収入と支出とは、原則として信用からの収入によることなく均衡させること」、「信用からの収入が名目国内総生産の0.35％を超えない場合にはこの原則に合致すること」、連邦議会の過半数の議決により「自然災害……異常な緊急事態の場合に信用の上限を超過することができる」が、その場合には「償還計画を付さなければならない」と定められている[10]。2012年以降はそこで定められた起債原則が遵守されている。

四　フリーランスのセーフティネットの再構築

1　フリーランスの実態

日本の話に戻ろう。

　フリーランスについて法律上の定義は存在しないが、はじめにで「雇用（雇用関係）によらない働き方」（経産省）をする者、あるいは自営業と分類されるが、労働契約以外の何らかの契約で労務提供を行い、それに対する報酬を得る者をいうことにした。「雇用類似の働き方」（厚労省）という言い方もある。

　フリーランス人口については、定義の違いも関係して様々な調査がある。もっとも少ない数値を示しているのは労働政策研究・研修機構『雇用類似の働き方の者に関する調査・試算結果等（2019年4月）』で、「発注者からの仕事の委託を受け、主として個人で役務を提供し、その対象として報酬を得る者」を「雇用類似の働き方の者」とし、2019年の数値を個人で請負う仕事を本業とす

9）熊谷・前掲注3）書186頁以下。
10）渡辺富久子「ドイツにおける財政規律強化のための基本法の制定」外国の立法263号（2015年）77頁以下）。ドイツの財政政策については、「財政制度等審議会財政制度分科会海外調査報告」、「EU・ドイツにおける新型コロナウイルス感染症の感染拡大を踏まえた政策対応（同補足資料）」（2020年7月2日）も参照。

る者130万人、副業とする者40万人、合計170万人と算出している。

　内閣府『日本のフリーランスについて（2019年7月）』では、2017年のフリーランス数を306万人〜341万人とし、このうち本業として従事している者の数を158万人〜228万人と推計している。たとえば職業区分として農林漁業従事者を除き、就業形態が自営業主、内職および一人社長で、主な仕事がこの業務である本業者数は228万人（仕事を主にしている人に限ると178万人）、副業や兼業で従事する副業者数は112万人（仕事が主でない主婦や学生を含むと163万人）、合計341万人と推計している。

　これに対して民間調査では、副業としてのフリーランスも含めて広義のフリーランス統計を取っており、ランサーズ『フリーランス実態調査（2018年版）』によれば、2018年の数値で、独立系フリーランス375万人（自営業系独立オーナー322万人、自由業系フリーワーカー53万人）、副業系フリーランス744万人（副業系すきまワーカー454万人、副業系パラレルワーカー290万人）、合わせた広義のフリーランス人口が1,119万人と推計している。2015年には913万人であったから急速に増加していることが分かる。

　なお、厚労省「労働者派遣事業の令和元年6月1日現在の状況」では、無期雇用派遣労働者55万人、有期雇用派遣労働者100万強、計157万人であるから、内閣府の計算する本業従事のフリーランスは派遣労働者とほぼ同数存在することになる。

2　働き方改革とフリーランス問題

　働き方改革実現会議「働き方改革実行計画」（2017年3月28日）では、雇用型テレワーク、非雇用型テレワーク、副業・兼業などの柔軟な働き方が増加している現状と、さらにこれらを推進するために法的整備の必要性を提案している。これを受けて厚労省内での検討が本格的に開始されている[11]。この問題はかなり以前から議論の素材となっていたが、立法の対応はこの間、非常に消極的であった。

---

11) この経緯とそこで議論されている論点については、鎌田耕一「雇用によらない働き方をめぐる法的問題」日労研706号（2019）4頁以下を参照（残念ながら同論文では解決策の一般的な方向性は示されているが、具体的な方策は模索・検討されていない）。

　日本の労働法と社会保険法は、他の多くの国と同じように、労働者と自営業者の二分類を前提にしている。たとえば労災保険法は特に労働者の定義をしていないが（なお労安衛法2条2号は同法の労働者を労基法9条の労働者としている）、同法は労基法の労災補償を前提としていることから、同法の労働者もまた労基法9条の労働者と同じと解している[12]。その結果、特別加入資格を認められる場合[13]（労災保険法33条以下）を除いて、雇用関係に類似している多くの自営業者が、労基法や労災保険法の適用から除外されている。

　それ以上に問題なのは、裁判によって判断が異なっており、法律の専門家にもその基準が明確ではない点である。労組法3条の労働者は、労基法9条の労働者よりも相当広く、自営業者でも企業組織に編入されている者も含むと解されている[14]が、労基法を中心とした個別労働関係法の分野では、労働者の概念を狭く解釈する伝統が基本的に続いている。

　社会保険法の労働者概念も基本的に同じであるが（社会保険では法人の代表者や職務執行者等も被保険者となり得る）、同法についてはむしろ労基法9条の労働者の一部を労働者保険、被用者保険の適用除外（被保険者資格を認めない）としている点が重要である。雇用保険制度は、労働者を雇用するすべての事業が適用対象となるが（雇保法5条）、一定の短時間（週所定時間が20時間未満）労働者、有期雇用（31日以上の雇用が見込まれない）労働者等を適用除外としている（同法6条1項）。

　また、健康保険法と厚生年金法は、常時5人以上従業員を使用する事業を適用対象とし（健保法3条3項、厚年法6条1項1号）、被保険者となれる労働者を、①週所定労働時間が20時間以上、②月額賃金が8.8万円（年収が106万円）以上、③勤務期間が1年以上見込まれる、④学生ではないこと、という条件を満たす者に限定している（健保法3条1項9号、厚年法12条5号）。なお、⑤適用事業については、従来から「内かん」という行政通達によって運用されてきた常時501人以上の労働者を雇用する事業に限定してきたが、今日でもそれが維持さ

12）横浜南労基署長（旭紙業）事件・最高裁平成8年11月28日判決・労判714号14頁。
13）一人親方の定義や加入対象事業については、厚労省「労災保険特別加入制度のしおり」を参照。
14）新国立劇場運営財団事件・最高裁平成23年4月12日判決・労判1026号6頁、INAXメンテナンス事件・最高裁平成23年4月12日判決・労判1026号27頁、ビクターサービスエンジニアリング事件・最高裁平成24年2月21日判決・労判1043号5頁。

れている（厚生労働省保険局保険課長・厚生労働省年金局事業管理課長通知「短時間労働者に対する健康保険・厚生年金保険の適用拡大に係る事務の取扱いについて」2016年5月13日。事業規模については、年金機能強化法附則17条1項および46条1項が定める）[15]。その結果、労基法9条の労働者であっても、この厳しい要件を満たさない場合には、たとえば被保険者の被扶養者でない限り、国民健康保険に加入するしかない[16]。また、厚生年金保険についても、適用除外される者は、1号被保険者として国民年金保険に加入することになる（ただし一部の者は3号被保険者となる）。

　以上のことから社会保険の適用事業から除外されると、使用者としても労働者を使用しながら社会保険料を支払わなくてもよくなり、一種のモラルハザードが生じることになる[17]。

　社会保険法では、労災保険の特別加入制度を除くと、労組法が労働者概念を拡大するような制度設計になっていない。いずれにしても、本書で議論しているようなフリーランスは、被用者保険の対象とはなっていない。その結果、本章の一で紹介したようなセーフティネットが張られていない人について、コロナ禍が様々な問題を引き起こしているが、現行制度ではそれに十分対応できていない。

3　セーフティネットの破綻

　私たちの社会には、公的なものだけでなく私的なものも含めて至る所にセーフティネットが張られている。収入が少ない人のための公的住宅、親の事情で食事が十分に取れない子供たちのための「子ども食堂」、ドメスティック・ヴァイオレンスの被害を受けている者の「駆け込み寺・シェルター」等々。働く

15）法律に規定した条件をさらに通達で制限することについては、合法性に大いに疑問が生じる。たとえば碓井光明「財政法学の観点からみた社会保険料と税制との関係」季刊・社会保障研究 Vo.42 No 3 （2006年）257頁を参照。

16）政府統計「国民健康保険実態調査平成30年度」中の「保険者の規模別、世帯主の職業別にみた世帯数の構成割合」によれば、国民健康保険加入者中の割合は、農林水産業2.3%、その他の自営業者15.8%、被用者32.3%、その他の職業4.3%、無職45.4%となっており、被用者割合は20万人以上規模（大・中規模都市）では36.6%に達している。

17）たとえば週所定38時間の労働者を雇用すると、すべての労働保険、社会保険の法律関係が成立するが、このポストを週所定19時間の2人の労働者にシェアすると、途端に社会保険関係を成立させなくてもよい。

人にとってのセーフティネットも、多層的に張られている。第2章、第3章で見てきたような、「雇用自体に埋め込まれたセーフティネット」と、「雇用を喪失したときのためのセーフティネット」がある。合理的な理由が無い限り解雇されないこと、休業中にも所得補償があること、健康保険などが前者のセーフティネットで、失業保険や年金保険などが後者のセーフティネットである。最後のセーフティネットとして生活保護制度がある。

　使用者に雇用・使用されている労働者の中にも、特に非正規労働者にはこうしたセーフティネットが十分でない者が多くいることについては、第5章で見たとおりである。有期契約労働者の雇用は、定められた期間の満了によって雇用が終了する点で、無期契約雇用と比べて不安定である。短時間雇用のため雇用保険の被保険者資格を充たさない者、年金保険の第1号被保険者は、雇用保険に加入している者、年金保険の第2号被保険者に比べると、保護がないか少ない。

　さらにフリーランスは、以上と比べても、セーフティネットが脆弱である。仕事に起因した事故に遭遇しても労災保険は受けられないし、休業中は何も所得補償がないし、年金は基礎年金である国民年金部分だけである。コロナ禍でウーバーイーツ配達員が増加している中で、運送中に事故が相当数発生しているが、それは自己責任として片付けられる。そこで改めて彼ら・彼女らのセーフティネットの必要性が議論されている。ウーバーイーツ配達員の労災保険制度の再設計については、本章のコラムで紹介するフランスの新たな立法やアメリカの新たな判例や立法が参考になる。

五　社会制度としてのセーフティネットの再構築

1　一つのモデルとしてのドイツ法

　フリーランスは、近年の情報技術の発展、特にインターネットの利用の広がりによって促進された、新しいスタイルの働き方である。配車サービスやウェブデザインなど、ネットを通じて単発の仕事を請負う「ギグ・エコノミー」の広がりで、雇用に頼らない働き手は、世界的にも増えている。特定の企業に属さないがゆえに、能力を発揮でき、より創造的な仕事を可能にするという側面

もあるだろう。しかし、日本の労働法や社会保険制度は、そうした働き方に対応できていない。フリーランスは事業者と労働者の、いわば中間形態であるがゆえに、新たな制度が求められている。

　一つのヒントとして、ドイツ法（労働法・社会保障法）の展開を見ておきたい。ドイツでは、労働者、自営業者の単純な二分類ではなく、その中間領域を認めているのが特徴的である[18]。

　第一は、「労働者類似の者」（arbeinehmerähnliche Persone）という概念の考案である[19]。労働協約法12a条と労働裁判所法５条１項に定義がある。とりわけ前者では、「他の者と雇用契約か請負契約を結び、債務を基本的に同僚労働者なく個人で給付し、経済的従属性があり労働者と同様に社会的保護が必要な者」と定義する[20]。この者は一般的には自営業者として扱われているが、通常の労働者のような指揮命令服従性（人的従属性）はないが、経済的従属性が認められるため、社会的保護の必要性があるとして、一定の法律の適用が認められている。他には連邦休暇法２条、一般平等取扱法６条１項３号等にもこの概念が登場する。

　例として、ドイツの放送局や新聞社では「自由な事業協働者」（freie Mitarbeiter）といわれる編集者や記者が多く働いている。彼ら・彼女らは、経済的従属性はあるが、仕事（編集や記事の作成）の内容に対する使用者による指揮命令への服従性がないか弱いために、労働者としては扱われていない。しかし、一定の社会的保護の必要性が認められるため、こうした者を労働者類似の者とした。

　第二に、法律上の概念ではないが、年金保険について規制する社会保障法典第６編（Sozialgesetzbuch VI）に関連して「労働者類似の自営業者」（arbeit-

---

18) EUの多くの国やEU法では、ドイツ法とは異なり二分法が採用されており、かつドイツの中間領域の多くは労働者として扱われている。詳しくは、橋本陽子「最近のEU法・ドイツ法上の労働者概念の展開について」学習院大学法学会雑誌40巻２号（2019年）121頁以下を参照。橋本は硬直的なドイツ法よりも、柔軟なEU法に共感を示す（同論文179頁以下）。

19) これについては、フォルカー・リーブレ「事業者としての地位と労働者保護との狭間に位置する個人自営業者」橋本陽子編『EU・ドイツの労働者概念と労働時間法』（信山社、2020年）59頁以下も参照。

20) 労働裁判所法１条では、労働者類似の者として、家内労働法（Heimarbeitgesetz）１条の「被用者」をあげている。

nehmerähnliche Selbständige）という概念が講学上用いられている。社会保障法
典では、労働者ではなく、それよりも広い概念である被用者（Beschäftigten）
という概念が用いられるが（社会法典第4編7条以下）、年金保険では被用者（同
法1条）のほかに、さらに一定の「自営業者」も被保険者（同法2条）となる。
その中の「その事業のために社会保険加入義務のある労働者を雇用せず」に、
「一定期間、基本的に一人の業務委託者のために働く」者（一人自営業者：Solo-
Selbständige）があげられており（同条9号）、それが労働者類似の自営業者と呼
ばれる。この規定は、自営業という形で従属就業者が増えていくことへの対抗
策としての意義があると考えられている。[21]

　第三は、後に述べる、芸術家やジャーナリストについて、特別に労働者（被
用者）社会保険に組み込む制度設計をしたことである。業務委託者にも社会保
険料相当の税の支払義務を課すことによって、労働力利用のコストを負担させ、
また公的予算を投入することによって文化政策の中にも位置づけることになる。
かくして、フリーランスとしての芸術家等にも、一部ではあるが労働者と同じ
社会保険の保護を与えている。

　第四は、「偽装自営業者」（Scheinselbständige）という概念である。社会保障
法の分野で講学上利用されるが、現行法に定義規定は存在しない。しかし、
1999年から2003年まで、社会法典第4編7条4項に規定が存在した。そこでは、
㋐基本的に継続して、全収入の約5／6を一人の業務委託者に依存しているこ
と、㋑他の社会保険加入義務のある労働者を雇っていないこと、㋒当該業務を
業務委託者が通常は他の非自営的な労働者に遂行させていること、㋓当該自営
業者に企業家に特徴的なメルクマールが認められないこと、㋔当該業務が外観
から、以前同じ業務委託者のために被用者関係で遂行されていた業務に対応し
ていること、という5つのメルクマールのうち3つ以上を備えていれば偽装自
営業者と見なされ、一般的な社会保険への加入義務が認められた。この規定は
2003年に改正され、その後2009年に削除されている。しかし、諸要素を総合考
慮して判断するという手法自体は、今日でも維持されている。なお、先に述べ
た労働者類似の自営業者は、この一部でもある。

21）Raimund Waltermann, Sozialrecht 13. Aufl. 2019, C.H. Müller, S.171.

　第五は、短時間・少収入労働者と社会保険の扱いである。ドイツにも、日本のように短時間や少収入者について社会保険の適用除外する制度が存在する。つまり、月平均賃金額が450ユーロ以下か、あるいは1年の勤務日数3か月以下か70日以下の雇用を「僅少就業」(geringfügige Beschäftigung)という（社会法典第4編8条）。一般には「ミニジョブ」(Mini-job)や「450ユーロジョブ」と呼ばれるが、この者については労災保険は適用される半面、その他の社会保険（医療、失業、介護）は適用されない（社会法典第5編7条等）。年金保険については、原則適用されるが、当人の申し出によって免除されることがある（社会法典第5編5条、6条）。社会保険料については、使用者は支払義務があるが（社会保険料と税金の合計が一定のため一括して支払う）、労働者については、年金保険を除いて支払義務がない。副業ではなく専業での従事者は490万人おり、経年的には減少傾向にある（逆に副業従事者は増加傾向にある）。

　また、ミニジョブを超え1,300ユーロまでの雇用を「ミディジョブ」(Midi-job)と言い、この者はすべての社会保険に加入義務を負う（社会法典第4編20条）。使用者は通常の保険料支払義務を負うが、労働者については収入に応じて増額される（最高額は20％）。労働者は追加保険料を支払うことができる。2018年以前は最高額は850ユーロで、従事者は130万人であったのが、19年から1,300ユーロに上限が引き上げられたため、従事者（社会保険加入者）は350万人に増えている。

　こうした制度の端緒になったのは1999年の社会保障法典の改正であった。それまでは日本の制度と同様に一定の基準以下の労働者については社会保険加入を免除され、そうした労働者を雇う使用者は社会保険料の事業主負担を回避できた。ところが、こうした労働者が年々増加していたこともあり、それへの対応が必要になっていた。社会保険財政を充実することも目的にあった。新たな制度は、630マルク以下の収入か週15時間以下の労働者について、医療保険や年金保険の保険料の事業主納付義務を課すことにした。ただし、このことによって労働者に保険料請求権が与えられたわけではない。また、使用者にあらたに社会保険料を課すことと引き換えに、税金を減額する措置がとられた。その[22)]後、ハルツ改革などで何回かの改正を経て現在のようになっている。

2　ドイツの芸術家の社会保険制度

フリーランスのセーフティネット再構築の試みの一つとして、特別なドイツの芸術家の社会保険制度を紹介したい[23]。

ドイツでは、日本のように強制保険による皆保険・皆年金制度は採られておらず、強制保険と任意保険の組み合わせを採用している[24]。たとえば医療保険では、原則として公的保険か民間保険に加入が義務づけられており、公的保険加入者は、一定収入以下の労働者、自営農林業者等で、全国民の87%にすぎない。また、年金保険については、一般年金保険、管理的公務員の官吏恩給制度、農業者老齢保障、医師や弁護士等の自営業者相互扶助制度などの年金制度があるが、無業者や自営業者は適用外で、ただ一般年金保険に任意加入できることになっている。

労働者と並んで芸術家やジャーナリスト（その多くは完全な自営業か自由な事業協働者 freie Mitarbeiter）も、強制社会保険の対象者である。これらの者について、1981年に「芸術家社会保険法」（Künstlersozialversicherungsgesetz）という特別法が制定された。これによってそれまで病気や高齢のために生活の基盤を失う危険があった芸術家らの保護が図られた。

保険主体（社会保険トレーガー）は「芸術家社会金庫」（Künstler Sozialkasse）で、この保険がカバーするのは、音楽家、演劇人、造形家、作家、ジャーナリスト、出版人、批評家、翻訳家等、相当広範囲に及ぶ（同法2条）。収入条件があり、年収で3,900ユーロ以上、月収で325ユーロ以上であるから、かなりの低収入でも加入できる。ただし、副業としてこうした仕事に従事する者、楽器製造者、金細工師、入れ墨師は除外される。被保険者（2018年）は計約19万人（音楽家5万3千、造形6万5千、演劇3万弱、言語・文学4万強）である。保険料率は、2020年度で、年金保険について18.6%、医療保険について14.6%、介護保

22）以上について詳しくは、緒方桂子「社会保険非適用限度内就業と社会保険財政——いわゆる630マルクジョッブに関するドイツ社会法典の改正とその意義・1」賃金と社会保障1275号（2000年）52頁以下、「同・2完」同1276号（同年）44頁以下を参照。

23）制度の歴史や内容については、川田知子「ドイツにおける芸能実演家の法的地位——労働法・社会保障法の視点から」労句1537号（2002年）29頁以下が詳しい。若干古いが（この間にハルツ改革で社会法典が大きく改編されている）、基本的な仕組みには変更がない。

24）厚労省『2019年海外情勢報告』「第3章・第2節ドイツ連邦共和国・社会保障施策」（https://www.mhlw.go.jp/wp/hakusyo/kaigai/20/dl/t3-04.pdf）を参照。

険で3.05％である。また給付額は保険料納付額の半分となっている[25]。芸術家社会保険の重要な点は、社会保険料の半分は芸術家ら自身が支払うが、残りの30％を委託者が芸術家社会保険分担金（税に加えて課される負担金）として負担し、20％について税収入からの公的支援がなされる点である[26]。

　加入する社会保険は、一般社会保険、公的医療保険、介護保険であり（同法1条）、労災保険は対象となっていないし[27]、公的な休業補償制度は存在しないが、「連邦芸術家連盟」が管理している芸術家保険金庫（VG Bild-Kunst）が様々な保障を行っている（年金の追加部分の保障も行う）。

　この制度がいかに重要であるかは、図表6-3に見られるように、社会金庫の予算規模が年々増加していることからも分かる。

　しかし、ドイツでも芸術家の休業補償の制度は存在していない。そこで今回のコロナ禍に対応すべく、特別の支援措置が講じられることになった。この点は、ドイツでも今後の課題である。

3　日本への示唆

　さて、以上のことから日本法への示唆がいくつか導けるだろう。

　第一の労働者類似の者という概念を認めると、たとえば労契法16条の解雇権濫用法理を、労基法9条とは異なり、人的従属性（指揮命令服従性）がなくても経済的従属性が認められ労務提供者にも拡張することが可能になる。解釈論としては限界があるとしたら、立法的対応が必要となろう。

　第二の労働者類似の自営業者と第四の偽装自営業者の概念は、労働者に近似し、保護の必要性のある一定の自営業者に対して、社会保険の適用を拡大することに寄与する。これも立法政策の課題である。

　第三の芸術家社会保険制度は、社会保障政策のみならず、文化政策として結合したハイブリッド型法政策の可能性を示唆している。

25）Künstler Sozialkasse in Zahlen（https://www.kuenstlersozialkasse.de/service/ksk-in-zahlen.html）.
26）芸術家についてこうした保険制度があることについては、その支援のための保護制度として評価する意見がある反面で、他の自営業者団体からは不公平ではないかという批判もある。
27）芸術家等は労災保険の対象者ではないが（社会法典第7編2条1項）、芸術家保険金庫が運営・管理する保険に任意加入することができる（同6条）。また、Fairsicherungのような民間の社会保険会社が存在する。

図表6-3　芸術家社会金庫の予算の推移（1991年〜）（単位万ユーロ）

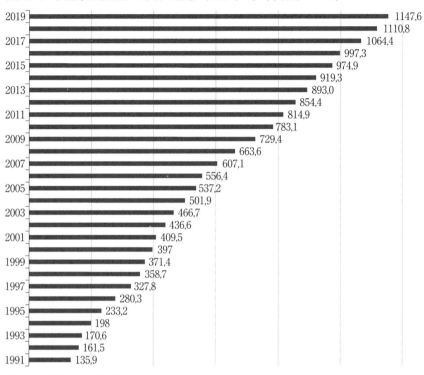

2019　1147,6
　　　 1110,8
2017　1064,4
　　　 997,3
2015　974,9
　　　 919,3
2013　893,0
　　　 854,4
2011　814,9
　　　 783,1
2009　729,4
　　　 663,6
2007　607,1
　　　 556,4
2005　537,2
　　　 501,9
2003　466,7
　　　 436,6
2001　409,5
　　　 397
1999　371,4
　　　 358,7
1997　327,8
　　　 280,3
1995　233,2
　　　 198
1993　170,6
　　　 161,5
1991　135,9

〈出展〉　芸術家社会金庫 HP
https://www.kuenstlersozialkasse.de/service/ksk-in-zahlen.html

　第五の社会保険制度改革は、労働力を利用することに伴うコストを委託者が当然に負担すべきこと、それによって社会保険制度の財制基盤が充実すること、使用者の負担増については税制改革という手法と一体的な改革によって可能になること[28]を示している。

　さらに、ドイツでは社会保障法においては被用者という概念が用いられ、労働法における労働者よりも広い対象者を念頭に置いている[29]。こうした法規制毎に相対的に概念を設定する発想は、日本でも有効である。

六　おわりに

「新しいぶどう酒は新しい革袋に入れるものだ。」「新しいぶどう酒を古い革袋に入れる者はいない。そんなことをすれば、革袋は破れ、ぶどう酒は流れ出て、革袋もだめになる。」(聖書、マタイによる福音書第9章第17節)

雇用形態の新たな展開には、新たな労働法や社会保障法の規制が必要となるが、日本の対応は余りにも緩慢である。コロナ禍は、こうした新たな制度の設計を重要な課題として提起している。その際に同じ問題に直面している海外の先進例が、大いに参考になる。

〔和田　肇〕

コラム
_____

街にあふれる「ウーバーイーツ」と労働法

(1)　コロナ禍の街中を、「Uber Eats」のロゴを付けたバッグを背負った配達員が走り抜けていく。「ウーバーイーツ増えたよね」そんな会話をよく聞くようになった。確かに、街中で配達員を見かける機会は目に見えて増えた。

ウーバーイーツの配達員を始めるには、履歴書を送る必要も、面接を受ける

_____

28)　たとえばミニジョブの社会保険関係については、所得税と社会保険料の労働者負担分はなく、年金保険については原則として加入義務があるが(総収入の3.9%)、労働者が使用者に申請をすると免除される。使用者の社会保険料負担は免除されず、健康保険(13%)、年金保険(15%)と一括税金分(2%。賦課金・最高0.99%が発生することもある)の計30%が負担分となる。厚生労働省『世界の厚生労働2018』149頁、日本労働研究・研修機構『諸外国における副業・兼業の実態調査――イギリス、ドイツ、フランス、アメリカ』(資料シリーズ No.201、2018年)23頁以下(飯田恵子)を参照。

なお、ドイツの僅少就業については、低賃金セクターの固定化や拡大につながるだけで、年金制度の保障には十分ではないなどの批判もある。名古道功『ドイツ労働法の変容』(日本評論社、2018年)159頁以下、238頁以下、249頁以下が詳しい。

29)　判例にもこのことが反映している(詳しくは、橋本・前掲注23))論文175頁以下を参照)。

必要もない。ウーバーの配達員登録用ウェブサイトに名前、メールアドレス、電話番号を入力するだけだ。あとは、スマートフォンにアプリをダウンロードしてオンラインにすれば、アプリに仕事の依頼が届く。ウーバーと配達員の間に雇用関係はなく、配達員は個人事業主として稼働する。このような手軽さも手伝って、ウーバーイーツはコロナ感染拡大のあおりをうけて職を失った人の受け皿になっている。

　しかし、配達員が増えれば、当然一人当たりの仕事の割当は減ることとなる。12時間アプリをオンラインにして待機していたのに、結局一回も仕事の依頼がなかったなどという話も聞く。

　配達員が労働基準法上の労働者と認められるならば最低賃金法が適用され、待機時間も労働時間として最低賃金が支払われることになる。しかし、現状そのような扱いはなされていない。労災保険も雇用保険の適用もない。労基法上の労働者とされないために、労基法上のあらゆる保護が及ばない働き方なのである。

　(2)　ウーバーイーツは、アメリカのサンフランシスコに本社を置くウーバーテクノロジーズが提供するフードデリバリーサービスだ。インターネットを介して、注文者、飲食店、配達員をつなぎ、配達員に料理を運ばせる。このように、サービスの需要者と提供者を結びつける場は「プラットフォーム」と呼ばれ、プラットフィ　ムの働き手は「プラットフォームワーカー」と呼ばれる。

　プラットフォームビジネスの最大の特徴は、プラットフォームワーカーとプラットフォーマーの間に雇用関係がなく、ワーカーは個人事業主・フリーランスとされるという点である。そのため、労災保険法や雇用保険法といった労働法（労働保険）が適用されず、契約の規律により労働者を保護する労基法、労働契約法も適用されない。よって、ワーカーは事故や失業の保障もなく、契約の一方的終了や変更に対する保護もないという極めて不安定な働き方を強いられることとなる。

　これらの個別的労働関係法が適用されるためには、労基法9条の「労働者」と認められる必要があり、それは使用従属性の有無で判断される。したがって、雇用関係が認められなくても、使用従属性が認められ、労基法上の労働者と認められれば上記の各種労働法が適用されることになる。しかし、現実には、ウ

ーバーイーツ配達員の契約は労働契約ではなく、労基法上の労働者には当たらない扱いとされていて、労基法上の労働者に当たるということを労働者の側で主張して立証しなければならない。労働者の方で裁判を起こし、これを立証しなければならないというハードルは非常に高く、個人事業主と扱われてしまえば、労働法上の保護を全く受けられないというのが現状である。

　(3)　プラットフォームワーカーを含むフリーランスが無権利状態に置かれている状況は世界共通の問題であり、各国は様々な対応を行っている。フランスでは、2016年8月にエル・コムリ法という労働法典改正法が成立し*、「プラットフォームの社会的責任」を定めた。同改正法は、プラットフォーマーに対して、①労災保険料の負担、②職業訓練費用の負担を義務付け、また、ワーカーに対しては、③団結権、団体行動権、団体交渉権を保障した。

　労務を提供して対価を得ている者が、個人事業主・フリーランスとされて労働法の保護が全く受けられないという問題は、プラットフォームビジネスだけに限らない。ウーバーが生まれたアメリカでは、プラットフォームビジネスが進展する以前から、雇用契約を業務委託契約に置き換えて、企業が雇用責任を回避する動きが顕著であった。このような行き過ぎた雇用責任の回避行動に対して、カリフォルニア州は2019年9月にAB5法を成立させ、2020年1月1日から施行されている**。

　AB5法とは、労務を提供して対価を得ている者は、原則労働法上の「労働者」と扱い、使用者が労働者を独立契約者であると立証した場合に「労働者」とは扱われなくなるというものである。これまで労働者側に課せられていた立証責任を使用者に転換したものだ。使用者が立証する要件は、(A)仕事の遂行方法について、契約上も実際上も、労働者が、使用者の指揮命令から解放されていること、(B)労働者が、使用者の事業の通常の範囲外の仕事を遂行していること、(C)労働者が、使用者の事業と同種の、独立の商業、職業、事業を営んでいること、の3点である（ABCテストという）。

　AB5法により、プラットフォームワーカーを含むフリーランスは、原則「労働者」と扱われることとなり、労働法上の権利が保障されることとなった。

　(4)　翻って、日本では、プラットフォームワーカーを含むフリーランスの無権利状態は放置されたまま、なんら具体的な対応は行われていない。つまり、

フリーランスと、その労働力を利用する企業の関係は、私的自治の原則、契約自由の原則に任されているだけである。これらの近代社会の基本原則は、対等な当事者間で結ばれる契約には合理性が認められるという前提の上に成立している。合理性が認められるからこそ、契約に拘束力を認めて差し支えないとされるのである。

　契約における交渉力は、契約目的物の提供の拒否、つまり売り惜しみができるかによって左右される。目的物の提供者がその売り惜しみができる場合には交渉力が認められ、提供者と需要者は対等な関係の下、契約を締結することとなる。

　労働力は、その性質において売り惜しみがきかない交換財のため、労働者と使用者の間には必然的に交渉力格差が生じる。労使間の交渉力格差によって生じる不都合性の修正を図ってきたのが労働法である。

　交渉力格差が存在するために生じる不公正な契約関係を修正するアプローチには二通りある。契約自体の合理性を規律する手法と、契約当事者の対等性を確保する手法である。契約自体の合理性を規律するものとして労基法や労契法が、契約当事者の対等性を確保するものとして労働組合法が発展してきた。

　プラットフォームワーカーを含むフリーランスも、交換財が労働力である場合、フリーランスの交渉力は企業のそれに比して著しく弱いものとなる。そのためにフリーランスが、労働法が発展する前の雇用労働者と同じような弱い立場に置かれているとすれば、労使間の交渉力格差によって生じる不都合性の修正を図ってきた労働法を適用することによって問題の解決を図ることが妥当といえる。カリフォルニア州のAB5法は、このような考え方を実現したものとして理解することができる。

　現在、プラットフォームワーカーを含むフリーランスは労基法上の労働者とは扱われないために、労基法、労契法等が適用されず、契約自体の合理性の規律による保護を受けることはできない。

　(5)　しかし、集団的労働関係を規律する労組法は別である。労組法上の労働者は労基法上のそれよりも広い概念とされ、団体交渉の保護を及ぼす必要のある者とされている。つまり、プラットフォームワーカーを含むフリーランスは、不公正な契約関係を修正する手段として、団結することによって交渉力を高め、

158

使用者との対等性を確保しながら労働条件の改善を図ることは可能である。

　もっとも、この点も実務上は、使用者が団体交渉を拒否すれば、労働委員会および裁判所において労組法上の労働者性を立証する責任は労働者に課されており、使用者は労働者がその立証に成功するまで違法な団交拒否を継続できてしまう。

　したがって、労組法上の労働者性についても、立法により、労務を提供して対価を得ている者は労組法上の労働者とすることを明記して立証責任を転換することにより、会社の違法な団交拒否を認めない制度にする必要がある。

　(6)　2019年10月3日、プラットフォームワーカー初の労働組合として、ウーバーイーツユニオンが結成された。きっかけは、その年の初めに続いていた報酬支払額のトラブルであった。配達員の報酬額は配達距離に応じて決まるが、実際の配達距離よりも少ない距離で計算された報酬が支払われるという問題が発生していた。これに対して配達員個人がウーバーに是正を求めても、会社は「報酬の支払に問題はない」「誤差の範囲内」などの回答しかせず、問題の改善が図られる兆しは見られなかった。問題を放置して解決しようとしない会社の対応に業を煮やした配達員が集まり結成したのがウーバーイーツユニオンである。ウーバーイーツユニオンでは、結成直後から現在まで継続的に団体交渉の申入れを行っているが、会社は一切これに応じていない。これに対して、ウーバーイーツユニオンは、東京都労働委員会に不当労働行為救済申立を行っている。

　ウーバーイーツユニオンの設立趣意書は以下のように述べる。

　「私たち、ウーバーイーツユニオンは、ウーバーイーツで働く配達員の労働環境が少しでもよくなるよう活動する労働組合です。少しでも多くの参加者を募り、会社との団体交渉等を通して労働条件の改善につなげていきたいと考えています。

　現在、ウーバーイーツ配達員には労働法が適用されず、事故にあっても労災がないなど、その働き方の保護については何も整備されていません。このような問題は、ウーバーイーツだけの問題ではなく、インターネット上のプラットフォームから仕事を受けて働く働き方（＝プラットフォームワーカー）全てに当てはまる問題です。私たちウーバーイーツユニオンは、ウーバーイーツ配達員

の労働環境の改善を通して、全てのプラットフォームワーカーが安心して働ける法制度の整備を目指します。確かに、インターネット上のプラットフォームから仕事を受けて働く働き方は、自由度の高い働き方を可能にしてくれました。しかし、自由な働き方と、安心・安全に働くことは相反するものではなく、両立可能なものです。

　今後、インターネット上のプラットフォームで仕事を得る働き方はもっと増えていくだろうと思います。だからこそ、そこで働く私たちがもっと安全に、安心して働けるよう、労働条件の改善や、法制度の整備が必要と考えています。

　そのために、まずはウーバーイーツ配達員の仲間たちで、労働条件の改善につなげたいと考えています。」

　(7)　コロナ感染拡大のあおりを受けて仕事を失った人が、手軽にできるウーバーイーツの配達を始めるなど、失われた雇用がフリーランスに置き換えられている状況がある。しかし、雇用からフリーランスになった途端に、労働者は法的保護を一切失い、極めて不安定な立場に置かれる。

　労務を提供して対価を得ているフリーランスと企業の間には交渉力格差が認められ、そのために不公正な契約関係が存在する。このような契約関係を修正し、公正な契約関係を実現するためにも、労務を提供して対価を得ているフリーランスに対しては労働法を適用することがふさわしい。

〔川上資人〕

〈注 — 和田補充〉

＊　エル・コムリ法については、笠木映里「フィールド・アイーボルドーから」日労研687号（2017年）89頁以下を参照されたい。

＊＊　AB5法と、その前提となったカリフォルニア州最高裁判所2018年4月判決については、脇田滋編『ディスガイズド・エンプロイメント　名ばかり個人事業主』（学習の友社、2020年）122頁以下を参照されたい。なお、同法については2020年11月3日に住民投票が行われ、「個人請負」と扱う法案賛成が多数を占めた。

第7章

新型コロナとジェンダー

はじめに

　世界保健機構（WHO）は、2020年3月11日に、新型コロナウィルス感染症（COVID-19）が世界で大流行すると警告した。その後またたく間に感染者は増え、同年10月22日現在、世界の感染者数は4,122万人、死者は113万1千人に達している[1]。日本も例外ではなく、国内の感染者は9万5,960人、死者は1,711人に達した。

　予期しなかったこのパンデミックは、世界のいたるところで、とりわけ、女性・女児をはじめとする脆弱な環境にある人々に圧倒的な脅威を及ぼしている。平常時のジェンダー格差は、このような緊急時の危機下では、一層、増幅される。日本は、2019年末、世界経済フォーラムの「男女格差報告書」で、153か国中、過去最低の121位になった[2]。それだけに、2020年初頭から始まったこの未曾有の社会不安は、大きなジェンダー格差の中にいる日本の女性たちに過酷な現実をつきつけている。

一　国際機関からの提言

　国連をはじめとする国際機関は、ジェンダー視点からの新型コロナ対策の必要性をいち早く提言し、各国に警鐘を鳴らしてきた。

　UN Women のアニタ・バティア副事務局長は、2020年3月26日、声明「女

---

1) NHK の以下の特設サイトによる。https://www3.nhk.or.jp/news/special/coronavirus/world-data/
2) World Economic Forum, Global Gender Gap Report 2020, pp.201–202.

性と COVID-19：各国政府が今すぐできる５つのこと」を発表し、各国政府に以下の行動を促した。⑴女性の看護師や医師が医療行為に参画できるよう保障すること。⑵家庭内暴力の被害者のためのホットラインとサービスを確保すること。⑶子どもや老人のケアを担う労働者の有給休暇や病気休暇の保障。⑷意思決定に女性の声を取り入れること。⑸男女のケア負担の平等を支援し、ジェンダー役割をステレオタイプ化しないこと。OECD は、４月１日、「コロナウィルス危機との闘いの前線にいる女性たち」を公表し、医療従事者のほぼ70％が女性であり感染リスクにさらされていること、女性の家事労働負担が増大していること、女性のほうが雇用と所得喪失のリスクが高く、暴力、虐待、ハラスメントの危険にさらされていること、政府は、働きながら育児・介護ができる緊急措置の採用、所得支援措置の強化、中小企業支援、暴力から救済する措置を講じ、あらゆる政策にジェンダー視点を埋め込む必要があることを、強調した。

　４月６日には、UN Women のヌクカ事務局長が、とくにコロナ感染症による自宅避難が、女性に対する暴力という陰のパンデミックを拡大させていると警鐘を鳴らし、応急的対応をさらに呼び掛けた。そして４月９日、国連グテーレス事務総長は、「政策概要：新型コロナウィルスの女性への影響」という長文の報告書を発表した。同報告書は、コロナウィルスは、あらゆる領域でとくに女性と女児に悪影響を及ぼしているとして、①経済への影響、②健康への影響、③無償ケア労働、④ジェンダーに基づく暴力、⑤脆弱な状況における人々への影響・人権への影響、という項目ごとに、現状を分析し、各国に向けて、⑴女性と女性団体を新型コロナウィルス対応の中核に含め、⑵無償ケア労働の不公平を、新しい包摂的なケア経済に変え、⑶女性と女児の生活と将来に焦点を当てて社会経済的計画を立案することの必要性を強調した。

　日本でも、コロナ危機による被害の中心に女性たちがいることが明らかであ

3）https://www.unwomen.org/en/news/stories/2020/3/news-women-and-covid-19-governments-actions-by-ded-bhatia
4）OECD「コロナウィルス危機との闘いの前線にいる女性たち」（2020年４月１日）。
5）ムランボ＝ヌクカ国連女性機関事務局長の声明「女性と女児に対する暴力・陰のパンデミック」（2020年４月６日）婦人団体連合会編『女性白書2020』（ほるぷ出版、2020年）161頁以下。
6）http://www.gender.go.jp/policy/no_violence/pdf/20200427_1.pdf

り、国際機関からのこれらの提言は、ただちに政策に活かされなければならなかったはずである。

二　女性・女児に対するコロナ禍の影響

新型コロナ感染症に端を発した今回の経済不況と雇用急減は、経済学者から"She-cession"と呼ばれているという。リセッション（recession）に伴う雇用喪失が、男性より女性に集中していることから生まれた造語である。以下では、日本の現状をジェンダーに注目しつつ、分析してみる。

コロナ危機は、明らかに女性の雇用により大きな打撃を与えている。女性雇用者数は2019年末から7月までの7か月で3.2%（87万人）減り、男性雇用者（同0.8%減）より女性の減少率が2.4%も高い。完全失業率も、男性の0.4ポイント上昇に対して、女性は0.5ポイントで、男性より0.1ポイント上回っている。

理由は、はっきりしている。女性雇用の多い宿泊業、飲食業、サービス業が、コロナ危機によって、より大きなダメージを受け、減少率が大きい非正規雇用に女性が多く、小中学校や保育園の臨時的休校・休園措置がなされたために、家庭内の家事・育児負担が増大し、女性たちに過剰負担を及ぼしたからである。まさに日本では、"She-cession"が他国に増して進行したといえる。

JILPTの調査は、とくに「子育て女性」に過酷な被害が集中したことを明らかにした。2020年7月時点で、女性の休業者比率は男性の3.9倍だが、なかでも子育て女性の休業者比率は6.1%と高止まり傾向にある。税込月収も、子育て女性の回復が鈍い。「未成年の子あり」という条件は、男性の雇用状況には影響せず、女性のみにマイナスの影響を及ぼした。

日本の男性の家事・育児時間は、平常時にも諸外国より著しく短く、コロナ

---

7)　周燕飛「JILPT リサーチアイ第47回　コロナショックの被害は女性に集中（続編）」（独）労働政策研究・研修機構 HP より。https://www.jil.go.jp/researcheye/bn/047_200925.html

8)　周燕飛・前掲注7)。

9)　周燕飛・前掲注7)。

10)「6 歳未満の子をもつ夫の家事・育児関連時間」をみると、米国 3 時間 7 分、英国 2 時間46分、フランス 2 時間30分、ドイツ 3 時間、スウェーデン 3 時間21分、ノルウェー 3 時間12分に比べて、日本は 1 時間23分であり、極端に短い。内閣府『令和 2 年版　男女共同参画白書』図表2-2。

禍で増大した家事・育児負担は見事に女性のみに負担増をもたらした。ある調査では、「子どものいる女性」の36％が「家事育児に困った」と回答したが、「子どものいる男性」では15％にすぎなかった。休校や休園で子どもが家にいる女性では、44％にも上った。睡眠時間が激減して心身の健康を損ねた人が、女性には増えた。夫婦ともに在宅勤務でも、「夫は自分の仕事部屋で集中できています」との回答があるように、「夫の仕事」を優先してしまう実態が浮かび上がった[11]。

　ここで改めて、ジェンダー視点から見過ごすことができない実態を、三点だけ指摘しておこう。

　その第一は、シングルマザーの困窮である。2020年8月に公表された調査では[12]、シングルマザーの7割に、コロナウィルス感染症に関連して、収入の減少、勤務日数・勤務時間の減少があった。収入の減少と臨時一斉休校などで家計支出が増加したため、平均預貯金金額は約4万円減少した。家賃や水道光熱費の支払を滞納している世帯は約1割あった。給食がなくなったことで食費が増加し、食事の回数を減らした世帯は約2割にのぼった。中学生以上の子どもがいる世帯の約4割は自宅で使えるパソコンもタブレットもない。6割のシングルマザーが気分障害、不安障害に相当する心理的苦痛を感じており、全国平均1割をはるかに上回った。

　第二は、自殺率の増大である。国内の自殺者数は、近年、減少傾向にあったものの、2020年7月から3か月連続で、前年より増加した[13]。なかでも、女性は、7月には前年より88人増（15.6％）、8月187人増（40.3％）、9月138人増（27.5％）となり、男性の横ばい現象とは対照的であった。しかも年齢内訳でみると、若い世代の自死が目立った。もっとも自殺者が多かった8月には、20歳未満女性が40人増（前年比3.6倍）、20代女性が79人増（同1.4倍）、30代女性が74

11）落合恵美子「新型コロナウィルスとジェンダー」リーブラ69号（公益財団法人東海ジェンダー研究所 news letter）。これは「自分もしくは同居家族が新型コロナの影響により、在宅勤務を経験した人」を対象に2020年4月8日〜15日に行われたウェブ調査である。

12）認定NPO法人しんぐるまざあず・ふぉーらむ＆シングルマザー調査プロジェクト「新型コロナウィルスの影響によるシングルマザーの就労・生活調査」。2020年7月、WEBフォームによる調査実施により、回答数2,119、有効回答数1,816。

13）厚生労働省と警察庁の集計による。自殺者数は、2020年7月1,818人（前年より25人増）、8月1,854人（251人増）、9月1,805人（143人増）であった。

図表7-1　DV 相談件数の推移　2020年

	4月	5月	6月	7月	8月
配偶者暴力相談支援センター	13,427	13,245	12,981	12,309	11,407
DV相談プラス	1,741	4,329	4,473	4,441	4,597
計	15,168	17,574	17,454	16,750	16,004
昨年比	1.45倍	1.58倍	1.61倍	1.38倍	1.44倍

人増（同1.7倍）となった。

　若い女性が直面した影響に関する実態調査では、感染症、外出自粛、休業要請の影響などによって、本人や家族の経済的・身体的・精神的状態の悪化や、自宅以外の居場所や相談相手を失い、支援策を利用できないという構造的な悪影響によって、困窮する姿が浮き彫りになった。[14]コロナ禍の中で、これら構造的なジェンダー問題が、社会の弱い層に集中し、10代の女性たちの自死率を高めている。

　第三に、DV の増大傾向である。自治体が運営する全国の配偶者暴力支援センターと、政府が24時間メールや電話で受け付ける緊急相談窓口「DV 相談＋（プラス）」を合わせた相談件数は、このコロナ禍の下で、昨年のほぼ1.4倍から1.6倍になった（【図表 7 - 1 】DV 相談件数の推移2020年）。各種の生活不安やストレスの増加、外出自粛が続き在宅時間が長くなったこと等の影響であろう。内閣府は、2020年10月に従来の暴力対策推進室を格上げして、男女間暴力対策課を新設し、覚えやすい 4 桁の全国共通ダイヤル「＃8008（晴れれば）」を開設しているが、問題は深刻化している。

三　日本の新型コロナ対策──ジェンダー視点の欠如

　国際機関は、上述のように、あらゆる対策にジェンダー視点を導入することを求めた。日本政府もさまざまなコロナ対策を打ち出してきたが、残念ながら、

---

14) 特定非営利活動法人 BOND プロジェクト「10代20代女性における新型コロナ感染症拡大に伴う影響についてのアンケート調査報告書」（2020年10月）。BOND プロジェクトの公式相談 LINE に登録している若年女性に送付して2020年 6 月に実施したアンケート調査。回答者950人。

それらにジェンダー視点は欠如していたと言わねばならない。

1 見直されなかった「世帯主義」

　その代表的な例は「特別定額給付金」（一人一律10万円）の支給方法であった。同給付金の給付対象者は、「基準日（2020年4月27日）時点で住民基本台帳に記録されている者」、すなわち個人である。しかし、受給権者はなぜか「給付対象者の属する世帯の世帯主」であった。かつて、阪神淡路大震災や東日本大震災などの災害弔慰金や支援金でも、世帯単位の支給の仕組が女性に不利益をもたらすとして、批判された過去があった。にもかかわらず、世帯単位や世帯主要件という制度的仕組みは、政府による根本的な見直しがなされないまま放置されてきた。今回も、同様の対応が繰り返されたのである。

　今回は、世帯主への一括振込みの不当性批判がSNSなどを通じて広まったため、DV被害者に対しては特別な対応がなされた。住民票を移さないまま避難している一定のDV被害者について、要件を満たした場合には個別に受給できる仕組みがとられたのである。[15]しかし、同居を続けているDV被害者や、家に帰れず知り合いの家を泊まり歩いている若い女性たちに、どの程度、給付金が届いたのだろうか、不明である。おそらく彼女らに給付金は届いていない。世帯主の預金通帳に振り込まれた金額を、彼女たちが引き出せるわけがないからである。政府は、個人に給付金がどの程度届いたのか、しっかり調査を行い、公表すべきである。

　「世帯主義」を排して個人単位の制度を構築することは、ジェンダー視点からは不可欠の課題である。内閣府が現在策定中の「第5次男女共同参画基本計画（案）」は、「第9分野　男女共同参画の視点に立った各種制度等の整備」において、「特に、各種制度において給付と負担が世帯単位から個人単位になる

---

15) DVを理由に避難している者とその同伴者については、基準日において配偶者と同一世帯であっても、以下の①から③のいずれかの要件に該当する場合には、避難先の自治体からの支給、民間支援団体による代理申請が認められた。①配偶者に保護命令が出されていること、②婦人相談所の「証明書」または、配偶者暴力相談支援センターなどの関係行政機関や民間支援団体から「確認書」が発行されていること、③基準日の翌日以降に住民票を移し、「支援措置」の対象になっていること。とはいえ、②の要件をめぐって、後述のように、平常時ですら業務量負担が過剰な婦人相談員が対応に追われたことを、忘れてはならない。

よう、マイナンバーも活用しつつ、見直しの検討を進める」としている[16]。果たしてどこまで見直しが進むのか、注視したい。

　ただし、マイナンバーがここに登場することには懸念も残る。特別定額給付金の支給形態を契機に、マイナンバーカードと銀行口座をひもづければ支給が効率化できるという意見が、政府内で急浮上した。しかし、マイナンバー制度はそもそも世帯別編成の住民基本台帳を根拠に構築された制度であり、おおもとの住民基本台帳法の世帯主義の見直しが優先されるべきであろう。しかもマイナンバー制度の捕捉性には限界があり[17]、情報漏れが生じた場合の問題点もある。今回の給付金に現れたように、マイナンバーカードを使った申請でも、世帯主以外は手続できない仕組みが残っていれば、解決にはならない。マイナンバーと無理に関連づけることなく、各種給付と負担を含むあらゆる制度について、世帯単位から個人単位への見直しを推進することが重要である。

2　女性支援を阻んでいる法制度

　コロナ禍の下での性暴力やDVの増加、若い女性の自死率の高まりは、急速に深刻化したとはいえ、じつは、以前から大きな課題として認識されていた。国連の女性差別撤廃委員会（CEDAW）は、日本では「若い女性の自殺率が高い」として、日本政府に対策を講じるよう勧告してきた。2016年のCEDAWの総括所見も、「女性と少女の自殺率が依然として高いこと」に懸念を示していた[18]。2020年3月9日の第9次日本定期報告に関する事前質問項目では、CEDAWは日本政府に、「女性と少女の自殺を防止することをめざした、目標と指標を含む包括的な計画の採択について（日本が）実施した取り組みに関する情報」の提供を求めている[19]。

　若い女性たちは、とりわけ複合的困難に直面しやすい。暴力（DVや性暴力、

16）内閣府男女共同参画会議第5次基本計画策定専門調査会第7回（2020年10月8日）資料1-1「第5次男女共同参画基本計画策定に当たっての基本的な考え方（素案）【見え消し版】」90頁。
17）住民票を抹消された者、無戸籍者、日本に在住する外国人など、マイナンバーでは捕捉されない人々がいる。
18）CEDAW/C/JPN/CO/7-8, para.38（c）. 訳文は、国際女性30号（2016年）72頁以下に掲載されている。
19）CEDAW/C/JPN/QPR/9.

子ども時代の性虐待）、親の離婚、貧困、心身の疾患や障害、居場所の喪失、社会的孤立、妊娠・中絶・出産、就労からの排除、JK ビジネス、AV 出演強要など、数えきれないほどの被害を被っている。このような構造的なジェンダー問題が、彼女たちの自死につながっているのであり、一刻も早い支援が必要である。ところが、支援の実施を阻む根本的な制度上の問題がある。女性を支援する事業が、「婦人保護事業」に限られていることである。性暴力、DV、貧困、家庭破綻、障害など、さまざまな困難を複合的に抱える女性たちの支援は、婦人保護事業の３機関（婦人相談所、婦人相談員、婦人保護施設）に一手に委ねられている。ところが当該事業の根拠法は、1956年に制定された売春防止法であり、加えて、2001年の DV 法制定施行によって、DV 被害者の支援システムも婦人保護事業を転用して行われるようになった。現在の婦人保護事業は、売春防止法における「要保護女子」の保護更生と、DV 防止法における「DV 被害女性の保護」という相反する二つの役割を、限られた予算内で一手に引き受けざるを得ないのである。このことが、必要不可欠な女性に対する支援事業に、大きな矛盾と限界をもたらしている。

　女性たちからの永年にわたる指摘を受けて、2019年10月、厚生労働省は「困難な問題を抱える女性への支援のあり方に関する検討会」中間まとめを公表した。この中では、婦人保護事業には限界がある、法制度上も新たな枠組みを構築しなければならない、売春防止法４章は廃止する、と書きこまれた。若い女性たちは、売春防止法の「要保護女子」としてではなく、性被害などから回復するための支援の対象として位置づけられなければならない。「中間まとめ」には、さらに、「女性を対象として専門的な支援を包括的に提供する制度」の構築が書き込まれた。すでに、全国婦人保護施設等連絡協議会は「女性自立支援法（仮称）」の構想を提案している[20]。ところが、コロナ禍の中でこの構想をめぐる議論がとん挫しているのである。ジェンダー視点からのコロナ対応としては、一刻も早くこの新法を実現させるべきであろう。

20) 戒能民江・堀千鶴子『婦人保護事業から女性支援法へ——困難に直面する女性を支える』（信山社、2020年）。

3　非正規公務員問題

　ジェンダー視点から指摘すべきもう一点は、非正規公務員問題である。政府統計では、2016年の段階で、地方自治体で働く地方公務員の２割が非正規公務員（臨時非常勤職員）であり、自治体によっては職員の半数以上が非正規というところもある。非正規公務員の４人に３人は女性であり、職種別の女性割合をみると、保育士96.5％、看護師97.8％、給食調理員97.1％である。女性職種といわれる職種は、ほぼ100％、女性の非正規によって担われているのである[21]。このコロナ禍で「エッセンシャル・ワーカー」と呼ばれる職種のほとんどが、非正規の女性たちによって担われており、この問題を未解決のままにしておくことは許されない。

　先に述べた婦人相談員もここに含まれており、全国に1,500人ほどいる婦人相談員の８割が、非正規公務員である[22]。非正規であることの困難性は、①待遇が悪く低賃金であり、②雇止めのリスクがあって雇用が不安定、③業務量が多く残業もあるが、残業代や交通費が支給されず、④専門性が保障されていない、⑤正職員との関係性がよいとはいえず、組織的バックアップがない、⑥自治体組織のなかでの理解が不十分なこと、等である[23]。

　法の谷間にある非正規公務員問題は、以前から、解決されるべき課題であったが、批判を受けて、2017年、地方公務員法と地方自治法が改正され、2020年４月から、自治体の非正規職員に「会計年度任用職員制度」が導入された。一般職地方公務員としての処遇改善をめざすといううたい文句だったが、実際には、真逆の結果が生じている[24]。すなわち、これまで「特別職非常勤」という扱いだった婦人相談員の場合、「会計年度任用職員」と「特別職非常勤」とに分かれ、「特別職非常勤」は「学識・経験のある者」に狭く限定され、それ以外

21）上林陽治「公務の間接差別の状況と会計年度任用職員制度の問題点」竹信三恵子・戒能民江・瀬山紀子『官製ワーキングプアの女性たち』（岩波書店、2020年）。

22）戒能民江「婦人相談員の現状と『非正規公務員』問題」竹信ほか・前掲注21）。

23）戒能・前掲注22）。

24）「臨時職員」「特別職非常勤」「一般職非常勤」とまちまちであった従来の非正規公務員を「会計年度任用職員」に統一して、期末手当を支給できるとした法改正だったが、会計年度任用職員でもパートタイムの場合には、制度格差は残り、勤勉手当、退職手当はなく、災害補償も「地方公務員災害補償法」ではなく、労災保険か自治体が別に定めるものとなる。低処遇問題はまったく解決されていない。

の者は「会計年度任用職員」とされた。その結果、これまで何年も継続雇用されてきた相談員が「会計年度任用職員」として1年のみの任用、再任は2回まで（3年の有期）という厳格な処遇になったのである。結果として、婦人相談員の処遇は、改善どころか、低下したことになる。

　しかもコロナ禍の下で出勤せざるをえない職種（医療職、保健職、学童保育支援員、相談支援員、介護福祉職など）では、8割以上の人が、「職場の感染予防に不安」を感じながら、「それまでと変わらない勤務」を強いられ（17.9%）、むしろ「仕事の量や時間が増えた」（20.9%）と回答している[25]。感染リスクの高い現場に非正規を選んで配置している国や地方自治体の責任は、大きいというべきだろう。

　新型コロナ対策におけるジェンダー視点の欠如を猛反省して、国には、根本的な対応策を一刻も早く講じて欲しいものである。

〔浅倉むつ子〕

25）NPO法人官製ワーキングプア研究会「新型コロナウィルスによる公共サービスを担う労働者への影響調査アンケート（WEB調査）」による。上林・前掲注21）30頁参照。

第8章

韓国／コロナ危機に立ち向かう「幸福国家」への展望

はじめに

　2020年9月1日、韓国では通常国会が始まった。7日には、与党である「共に民主党」（以下、民主党）の李洛淵（イ・ナギョン）代表が代表あいさつを行った。演説のなかで、今後の法政策の方針および目指す国家像が示された。[1]新型コロナウィルス危機（以下、「コロナ危機」と呼ぶ）後の韓国の未来を、非常に網羅的に、高尚な志をもって語る演説であった。李洛淵氏は、2022年3月に行われる次期大統領選挙における「ポスト文在寅」の最有力候補であり、その演説は、韓国におけるコロナ危機後の政策ビジョンを知るひとつの重要な手がかりであるといえる。

　李洛淵代表は、演説のなかで、今後の韓国が目指す国家像として、次の4つを挙げた。「幸福国家（행복국가）」、「包容国家（포용국가）」、「創業国家（창업국가）」、「貢献国家（공헌국가）」である。このうち、「幸福国家」とは、福祉国家の先にある国家像として描かれ、国民の最低生活の保障だけでなく、さらに国民の健康、安全、文化、余暇を保障する国家であると述べられた。国民の健康、安全に加え、文化や余暇の保障が挙げられているのは、コロナ危機によって人々が文化や余暇の機会を制限、または、奪われてしまっている現実を踏まえたものであろう。また、「包容国家」としての具体的施策として、全国民雇用

1）演説文全文は、2020年9月7日付未来日報オンライン記事 http://hkmd.kr/mobile/article.html?no=49023参照。また、インターネットサイト The New Stance に掲載された徐台教氏による「［全訳］李洛淵・共に民主党代表による国会交渉団体代表演説（2020年9月7日）」も参照（https://www.thenewstance.com/news/articleView.html?idxno=2871）。

保険、各階層の所得の増加、格差の緩和、性平等、経済発展等における地域間格差の均衡化が挙げられている。こういった内容に照らすと、包容国家であることは、幸福国家を作るひとつの重要な要素と位置づけられていると考えられる。

　新型コロナウィルスへの感染は、社会的階層とは無関係である。しかし、コロナ危機が引き起こした苦難や経済的被害は、社会的に脆弱な立場にある者により強く及んでいる。目指す国家像として掲げられた「包容国家」は、そういったコロナ危機の特徴を踏まえたものである。ここでは、「幸福国家」「包容国家」のために具体的に策定が目指されている施策のうち、家族ケアとの両立、および、労働者類似の個人事業主に対する保護を取り上げて論じていくことにする。

一　家族ケアとの両立

1　コロナ危機と家族ケア

　コロナ危機によって最初に大きな影響を受けたのは、子供のいる家庭であろう。[2]

　2020年2月24日、政府の中央災難安全対策本部と保健福祉部は、全国の保育園・小・中・高等学校の新学期開始を3月2日から1週間繰り下げるよう要請した。そして、その後も休園・休校措置を継続した。未就学児童を預かる保育園に関していえば、保健福祉部が全国単位での休園措置を解除し、地域の感染レベルに応じて自治体ごとに開園や休園を決定することができる方式に切り替えたのは、3か月後の6月1日であった。[3]

　コロナ危機が長期化するなかで、とりわけ未就学児童や小学校低学年児童の

2）韓国統計局が2020年6月に発表した「2019年共働き世帯と一人世帯の雇用状況」によれば、有配偶者世帯1,230万5千世帯のうち、共働き世帯は566万2千世帯（46％）であるが、有配偶者世帯のうち子供が未就学の場合には44.7％が共働き世帯であり、子供が小学校在学の場合は54.7％が共働き世帯である。さらに、1人親の場合には、家族のケアと仕事との両立の問題はより深刻であろうと推測される。参照：통계청，‘2019년 하반기 지역별고용조사 맞벌이 가구 및 1인 가구 고용 현황’（2020.6.23）http://kostat.go.kr/portal/korea/kor_nw/1/1/index.board?bmode = read&aSeq =383260

いる家庭の保護者は仕事と家庭との両立という問題に直面した。こういった事態に対し、韓国政府は、男女雇用平等法に基づく家族介護休暇制度（22条の２）や勤務時間短縮請求制度（22条の３[4]）、および緊急保育[5]の利用により対応するよう呼びかけた。

2　家族介護休暇制度の普及と家族介護費用緊急支援金

　家族介護休暇制度は、男女雇用平等法2019年改正により新たに導入された制度である。2020年１月１日より施行された。偶然ではあるが、改正法が発効したのは、新型コロナウイルスが本格的に大流行する直前であった。

　韓国は、2012年の同法改正の際に、年間最大90日間の家族介護休業制度を創設しており、同制度の分割使用も可能ではあったが、使用する際には１回30日以上の期間でなければならないため（22条の２第４項１号）、短期間のケア目的

３）保健福祉部2020年５月29日付プレスリリース「保育園休園解除計画について」（보건복지부 2020.5.29보도자료, 어린이집 휴원해제개획 http://www.mohw.go.kr/react/al/sal0301vw.jsp?PAR_MENU_ID=04&MENU_ID=0403&CONT_SEQ=354792)

４）勤務時間短縮請求権は、家族介護休暇制度と同じタイミングで、2019年の男女雇用平等法改正により導入されたものである。勤務時間短縮制度は、従来は出産・保育の手段として設けられていたが、2019年の法改正で利用目的を、本人の健康、学業、家族ケア（介護）、引退する準備等へ拡大した点に大きな特徴がある。本人や家族のケアを利用目的に加えていた点が、今回のコロナ危機への対応措置として大きく貢献している。
　　政府は、同制度の利用を促進するため、「ワークライフバランス雇用奨励金」を創設し、労働者の週所定労働時間を15〜35時間に短縮した場合、事業主に間接労務費、賃金の補てん金、代替人材の人件費を最大１年（代替人材は１年２か月）の間支援している。また、韓国政府は、コロナ危機に直面し、ワーク・ライフ・バランス雇用奨励金に「コロナ危機のための特例ガイドライン」を設けた。特例ガイドラインは適用要件を従来よりも緩和しており、2020年３月１日より運用されている。
　　2020年７月までのワークライフバランス雇用奨励支援金の支給実績をみると、コロナ危機が本格化した３月以降、勤労時間短縮制度の活用が増え、利用者は、前年同月と比較すると、５月は２倍以上（222.0%）、６月には３倍以上（317.5%）、７月には４倍以上（436.9%）と大幅に増加している（雇用労働部2020年８月31日付プレスリリース「ワークライフバランス雇用奨励金、コロナ19対応緊急子供ケアに効果上々」（고용노동부2020.8.31보도자료, 워라밸일자리장려금, 코로나19대응 긴급자녀돌봄에 활용효과 톡톡 http://www.moel.go.kr/news/enews/report/enewsView.do?news_seq=11324)。

５）緊急保育は、保育園が休園している期間、子供を預けざるをえない家庭に対し、保健福祉部が提供した保育サービスであり、利用理由を問わず、日中保育（７時30分から19時30分）とし、給食・おやつも普段と同じように提供するというものであった。緊急保育利用率は、２月末には10%程度であったが、28.4%（３月23日）、55.1%（４月23日）、72.7%（５月29日）と増加した。

のために利用することができなかった。そこで、1日単位の利用を可能にするために創設されたのが、家族介護休暇制度である。

　家族介護休暇は年間10日分付与され、使用した日数分は家族介護休業付与日数から除かれる（22条の2第4項2号。家族介護休暇と家族介護休業日数を合算して年間最大90日）。また、家族介護休暇創設に併せて、ケアの対象も拡大された。従来は、親、配偶者、子供、配偶者の親であったが、法改正により祖父母、孫が追加された（22条の2第2項）。

　家族介護休暇制度は、コロナ危機とは無関係に導入されたものであり、制度そのものには経済的な保障は予定されていない。しかし、雇用労働部は、2020年2月28日、コロナ危機により家族介護休暇を取得した労働者に対し、「コロナ19関連家族介護費用緊急支援金」を支給すると発表した。支給期間は、韓国国内で初めて新型コロナウイルス感染患者が見つかった2020年1月20日から緊急事態終了時までとされた。

　支給対象は、その祖父母、父母、配偶者、配偶者の親、子供または孫が新型コロナウィルスに感染し緊急にケアが必要である場合、あるいは、小学校2年生以下または満8歳以下の子供または障害を有する18歳未満の子が通う保育園、幼稚園、学校がコロナ危機のために休園ないし休校をした場合等において、無給で家族介護休暇を取得する労働者である。支給金額は、1日あたり5万ウォン（約5千円。配偶者も取得する場合、合算で最大50万ウォン（約5万円））であり、当該労働者が短時間労働者の場合、労働時間数に応じて比例的に算定された額で支給される（最低支給額2万5千ウォン（約2,500円））。

　ケアの必要な家族を抱える労働者にとって、家族介護休暇は魅力的なものであり、その需要は急増した。しかし、中小企業などを中心に人的負担等を理由に円滑な活用が妨げられている等の問題も生じた。そこで、雇用労働部は、家族介護休暇を許可してもらえず、職場に家族介護休暇を取りにくい雰囲気がある、家族介護休暇を取得したら事業主から不利益取扱いを受けた等のトラブル

6）雇用労働部「男女雇用平等法改正（2019.8.27）説明資料」参照（고용노동부, 남녀고용평등법 개정（19.8.27）설명자료 http://www.moel.go.kr/policy/policydata/view.do?bbs_seq =20190900331）
7）雇用労働部2020年2月28日付「コロナ19関連家族介護費用緊急支援金について」（고용노동부, 가족돌봄비용 긴급지원（2020.2.28）http://www.moel.go.kr/news/cardinfo/view.do?bbs_seq =20200201491

に対し、2020年3月のひと月間、匿名での申告を受け付けることにした。そして、申告が受理された場合、勤労監督官が、当該事業場に対して、直接、是正指導を行い、是正されない場合には、申告人の同意を得て、正式に事件として受け付けたうえで、500万ウォン（約50万円）以下の過怠料を賦課することにした。

　こういった取組みはかなり効果的だったようである。2020年4月1日、雇用労働部は「家族介護休暇活用調査」の結果を発表したが[8]、家族介護休暇制度の認知度および利用度がかなり高いことが明らかになった。

　家族介護費用緊急支援金は、2020年3月16日から受付が開始されたが、3月30日までの2週間足らずの間に3万7千人余りが申請したという。この数は雇用労働部が推算していた同支援金対象者の、41％にあたる。

3　コロナ危機を理由とする家族介護休暇の延長

　2020年9月9日、再び、男女雇用平等法が改正され、即日施行された。法改正により追加されたのは、新型コロナウイルス感染状況について「深刻」段階の危機警報が発せられている場合に、家族が感染者となりそのためにケアが必要な場合、あるいは満18歳未満の子供が通う保育園や学校の休園・休校措置により当該子供のケアが必要となった場合等に、現行の家族介護休暇日数（10日）に加えて、さらに10日の家族介護休暇（1人親の場合には15日）を付与するというものである（22条の2第4項3号および5項）。

　これにより、2020年度の上半期に家族介護休暇をすべて使用してしまった労働者も、さらに家族介護休暇を利用することができる。また、家族介護費用緊急支援金についても、引きつづき、給付が行われる見通しである。

8）雇用労働部2020年4月1日付プレスリリース「家族介護休暇活用アンケート調査について」（고용노동부, ʼ가족돌봄휴가 활용 설문조사ʼ（2020.4.1）http://www.moel.go.kr/news/enews/report/enewsView.do?news_seq=10843

　調査結果によれば、事業主の79.3％、労働者の61.6％が家族介護休暇を知っており、事業所の規模が大きいほど認知度が高かった。また、家族ケアを負う労働者は、自分の親を頼るほか、年次有給休暇、短時間労働制度、家族介護休暇で対応したが、特に8歳未満の子供がいる労働者は家族介護休暇を利用することが多かったという。支援金の効果とみられる。

二　労働者類似の個人事業主に対する保護——特殊形態労働従事者

1　産業災害補償保険制度における「特殊形態労働従事者」類型

　コロナ危機への不安が高まるなか、市民はオンラインショッピングや外食の
デリバリーサービスをより頻繁に利用するようになった。[9]

　こういった消費者の行動は、宅配労働従事者の健康や安全の問題を顕在化さ
せた。宅配労働従事者らは、請負や委託等の契約のもとで、時間の制限なしに
働くことが多く、過重労働になりやすい。業務上の事由により死亡した宅配労
働従事者は、2020年上半期だけで9名おり、うち、7名は過労による脳心血管
系疾患、いわゆる過労死によるものであった。[10]

　韓国では、産業災害補償保険法上、宅配労働従事者は産災保険制度の適用対
象者となりうる。すなわち、同法は、「特殊形態労働従事者」というカテゴリ
ーを設け、労働者類似の働き方をする者のうち大統領令に定める業種に従事す
る者は、勤労基準法上の「労働者」に該当しない場合であっても、①主として
1つの事業の運営に必要な労務を常時提供し、報酬を受けて生活しており、か
つ、②労務を提供する際に他人を使用していない場合には、産災保険の適用を
受けることができるとする（125条1項）。ただし、産災保険に加入するかは、[11]

9）2020年9月3日、韓国統計庁が発表した「7月のオンラインショッピングの動向」によれば、オ
　ンラインショッピングの取引額は、前年同月比15.8％増加し、2001年調査開始以来の最大の値とな
　った。https://kostat.go.kr/portal/korea/kor_nw/1/12/3/index.board?bmode＝read&bSeq＝&aSe
　q＝384913&pageNo＝1&rowNum＝10&navCount＝10&currPg＝&searchInfo＝&sTarget＝title&s
　Txt＝を参照。

10）この数字は、基本所得党のヨン・ヘイン（용혜인）国会議員が、韓国産業安全保健公団が提出し
　た「宅配業産業災害現況」に基づいて会見を行った際に、明らかにしたものである。同議員の2020
　年8月12日付ブログ https://m.blog.naver.com/yong_hyein/222058323648 参照。また、プレシアン
　2020年8月12日付オンライン記事 https://m.pressian.com/m/pages/articles/2020081215285325912
　#0DKW によれば、全国宅配連合労働組合のキム・テワン（김태완）委員長は、統計には、宅配労
　組で把握している過労死者や現在労災申請を準備中の者は含まれておらず、また過労死の症状があ
　るにも関わらず業務との因果関係が立証できなかった、あるいは労災保険に加入していなかったた
　めに労災申請ができなかった者も多いという。韓国では、宅配労働者の過労・過労死問題が深刻化
　していることに鑑み、2020年8月14日を「宅配便のない日」として公式定休日に指定した。

11）産災保険法施行令［大統領令第30980号］125条において13個の業種が列挙されている。宅配労働
　従事者は施行令125条6号に定められている。

特殊形態労働従事者の任意に委ねられている（同2項）。

　産災保険の適用を受ける場合、保険料額は、雇用労働長官が定めて告示する報酬基礎額に、従事する事業の産災保険料率を乗じて算出される。宅配労働従事者であれば、月額220万ウォン（約22万円）が報酬基礎額として設定されている（雇用労働部告示第2020-96号）。これをもとに算定された保険料額を、事業者と宅配労働従事者が折半して支払う（雇用・産災保険料徴収法49条の3第2項）。

2　全国民雇用保険制度創設の試み

　上述した宅配労働は、コロナ危機のなかで需要が高まった業種であったが、むしろ、それとは反対に需要が激減し、所得が急減した特殊形態労働従事者は多い。たとえば、学習塾の講師、スポーツインストラクター、訪問販売員などである。

　特殊形態労働従事者は、法的には個人事業主であるから、雇用保険の対象ではない。所得が激減した場合、コロナ危機への対策として事業主向けに創設された「緊急雇用安定助成金」の対象となる可能性があり、給付申請が認められれば、月50万ウォン（約5万円）ずつ、3か月間計150万ウォン（約15万円）の給付を受けることができる（第一次緊急雇用安定助成金の場合）。しかし、そのためには所得の急減を証明しなければならず、申請手続はそれほど容易ではない。[12]

　労働者類似の働き方をする労働従事者でありながら、法的には個人事業主として扱われる特殊形態労働従事者に対して、雇用のセーフティネットの死角地帯に放置されているという指摘は以前からなされていたが、コロナ危機は、これらの特殊形態労働従事者に深刻な打撃を与えた。

　こういった状況に鑑みて、2020年5月、文在寅大統領は、就任3周年演説のなかで、全国民雇用保険制度の導入に言及した。[13]そして、7月には労使政が「コロナ19危機克服」のための社会的対話を行い、特殊形態労働従事者に雇用保険を適用する立法の推進に暫定合意した。[14]2020年9月には、雇用保険法を改

12）2020年9月7日ハンギョレ新聞オンライン記事「被害にカスタマイズした災害支援？休職労働者等の死角地帯」(ʼ피해 맞춤형 재난지원?ʼ …휴직 노동자 등 사각지대) 参照。

13）「文在寅大統領就任3周年特別演説」（2020年5月10日）大韓民国政策ブリーフィング http://www.korea.kr/archive/speechView.do?newsId＝132032136&pageIndex＝8&srchType＝title&srchKeyword＝

正し、特殊形態労働従事者を雇用保険の対象とする制度が立法提案されると予告されている。

　新聞報道等によると、特殊形態労働従事者は雇用安定・職業能力開発事業の対象ではなく、失業給付のみ受給する。また、離職日前の24か月のうち12か月以上保険料を納付しなければならないが（一般の労働者の場合、18か月のうち180日以上保険料納付）、所得の減少を理由に離職した場合にも失業給付を受けることができるなど、業種の特殊性を考慮する。また、出産前後にも保険給付を行う。保険料は、特殊形態労働従事者と労務提供のための契約（請負、委託契約等）を締結している事業主が折半負担する。プラットフォーム労働従事者の場合には、プラットホーム事業主が保険料徴収のための資料等を提供する等の内容となる見通しであるという。[15]

三　「幸福国家」へ

　本章では２つの労働・社会保障政策を取り上げた。このほかにも、中小ベンチャー企業部と雇用労働部が協働して、「青年デジタル雇用事業」と「青年仕事経験支援事業」を展開し、コロナ危機に起因する若年層の雇用問題に対応している。[16]

　また、コロナ危機後の世界を見据えて、韓国政府が対策の目玉として推進しているのが「韓国版ニューディール」である。1933年、フランクリン・ルーズベルト大統領が、世界大恐慌で落ち込んだアメリカ経済を立て直すために行っ

---

14) なお、この社会的対話のなかに全国民主労働組合総連盟（民主労総）は加わっていない。暫定合意締結直前まで、民主労総キム・ミョンファン（김명환）委員長［当時］が組織内の意思統一を図ろうとしたが果たせず、対話から脱退することになった。これにより、キム委員長も組合委員長を辞任した。

15) 2020年７月８日付ハンギョレ新聞オンライン記事「政府、保険代理店・宅配業者など、雇用保険の拡大法案立法予告」（정부, 보험설계사・택배기사 등 고용보험 확대 법안 입법예고）参照。

16)「青年デジタル雇用事業」は、ITを活用した職務に若者を採用した場合、月当たり最大180万ウォン（約18万円）の人件費および間接労務費を６か月までサポートする。また、「青年仕事経験支援事業」は、青年に仕事を経験する機会を与える企業に月当たり最大80万ウォン（約８万円）の人件費と管理費を６か月までサポートする。この２事業では、１万1,700人の若年者の雇用を支援することを予定している。

た経済政策である「ニューディール政策」に倣ったものであり、同政策がテネシー川流域にダムを建設するなどして雇用創出を図ったように、韓国版ニューディールでも「データ・ダム」事業などデジタル関係の事業を中心に雇用を創出しようとしている。AI学習データ構築事業など、公共データを民間が活用できるようにするためのデータ・ダム事業には、4,739個の企業や機関が初年度サポート対象企業としてすでに確定しており、2万8千人程度の雇用が予想されている。[17]

　コロナ危機は、働く日常に大きな苦難を与えている。韓国は、その現実を深刻に受け止めたうえで、通常の労働者[18]だけでなく、家族ケアを抱える労働者、雇用保障のセーフティ・ネットの死角に陥っている労働従事者、若者等、働くことから切り離されそうになっている人々を、もう一度、「雇用」という枠のなかに包摂していくこと、そのための施策に取り組んでいる。

　社会的包摂のための施策は、コロナ危機対応政策の重要なポイントである。韓国が試みる「包容国家」の実現は、「幸福国家」への必須の道程であり、日本にとっても重要な示唆を与えるものであると思う。

〔緒方桂子〕

---

17) 2020年9月2日付ハンギョレ新聞オンライン記事「科学技術部「韓国版ニューディール『デジタル・ダム』、雇用誘発、予想よりも大きい」(과가부 "한국판 뉴딜 '디지털 댐', 고용 유발 예상보다 크다") 参照。

18) 韓国における雇用保障対策の中心は、雇用維持支援金制度である。これは日本の雇用調整助成金に類似する。その特徴や機能について検討したものとして、緒方桂子「新型コロナウイルス災禍における労働者の休業とその補償　ドイツおよび韓国の場合」労働総研ニュース No.364（2020年7月号）参照。

第9章

ポスト・コロナの「新しい常態」と働き方、働かせ方

はじめに

　コロナ禍に対して各国首脳は様々な発言をしているが、そこには首相や大統領の哲学が滲むものが多い。第3章の私の補論ではドイツのメルケル首相のロックダウンに向けて発した声明を紹介した。ドイツのコロナ対策は、すべてそこから出発したと言っても過言ではない。

　フランスのマクロン大統領が、5月中旬にイギリスのフィナンシャル・タイムズ紙のインタビューに答えた発言[1]も、また傾聴に値する。それは未来に向けての発言だからである。以下その要旨である（和訳は和田）。

　「フランスのマクロン大統領は、コロナ・パンデミックは資本主義を作り変えるだろうと確信している。今の状況は『想像もつかない』ものであり、すべての国がこの機会に『何か新しい物を考案』しなければばらない。それが私たちにできるすべてだからである。……それはとりわけグローバル化した資本主義の構造に大打撃を与えている。」

　「多くの国は、ポスト・コロナでは利益よりは社会経済的な不平等や環境問題に向けて進み始めることを、マクロンは願っている。」

　マクロンはまた次のようにも言う。「何が今後起こるか、この危機は始まったばかりなのか、それとも途中にあるのか、『誰も分からない』。『不確実なことが多く、それが私たちを謙虚にさせている』。しかし、それがいずれにしても『サイクルの結末に近づいていた』『グローバリゼーションの性質を変える

1）Business Insider HP（https://www.businessinsider.com/president-emmanuel-macron-says-the-coronavirus-will-remake-capitalism-2020-4）

ことになる』とマクロンは願っている。……『グローバリゼーションは、成功した面もあるが、最近では先進国の中でも不平等を増大させてきた。この種のグローバリゼーションは、サイクルの結末に近づきつつあったこと、そして民主主義を損傷していることは明らかだった』。」

コロナと共生（with Corona）しなければならない社会、あるいはその後の社会（post Corona）に向けて、私たちはどのような「新しい働き方、働かせ方」を構想しなければならないのだろうか。それは、喉元過ぎれば熱さも忘れる式のものではないはずである。

一 「新しい常態」と新しい社会モデル

1 新しい常態とは

コロナ・パンデミックの後に求められるのは、「新しい常態」としばしば言われる。この言葉は、2007、8年頃のアメリカの経済停滞期に主張された"new normal"に由来する。「新しい日常」と言われることもあるが、「新しい常態」の方が主張したい内容を正しく反映している。

2008年のリーマン・ショックの世界金融危機後に経済はすぐに平均的な水準に復元するだろうという信念が、経済学者や政策決定者たちの間に共有された。そのことに警鐘を鳴らす文脈で「新しい常態」は強調された。経済学者であるMohamed A. El-Erian は、"Navigating the New Normal in Industrial Countries"（2010）という著書の中で次のように言っている。2008年に起きたリーマン・ショックの後遺症が長らく続いていたが、その原因は何年も前から続いていた住宅政策の失敗にあり、またこの危機以降の見通しは不透明であった。つまり、この危機は何年にも渡る日常で生まれたものであり、時間が経てば消え去るというものではなかった。新たな常態は、これまでの政治やビジネスのアプローチの転換を求めるものである。それは、私たちの生活様式や未来に対する考え方、次世代への投資、社会保障のあり方の変更も迫っている。

コロナ禍に直面し日本でこの概念が改めて登場したのは、一時を凌げば、再びコロナ禍の発生以前の経済や生活が取り戻せるという意見や期待が広がっているからである。コロナ禍は、これまでの大災害と比べて、原因とその被害の

多くが目に見えない点、終息がいつか見通せない点（収束はあるが終息はないかも知れない）、これまでの生活を継続していたら再度襲来しかねない点で異なっている。7月以降に都市圏を中心に感染者数が急増したことが、あるいは10月下旬以降にヨーロッパの多くの国で、そして日本でも11月以降に再び感染が拡大していることが、それを実証している。それが故に、コロナ禍のような危機を可能な限り回避できる生活スタイル、経済活動が求められている。

　政府や自治体は、新しい常態をどのように捉えているのだろうか。たとえば東京都は「新型コロナウイルス感染症を乗り越えるためのロードマップ～『新しい日常』が定着した社会の構築に向けて～」を示しているが、そこでいう「新しい日常」とは、商業施設等利用者の対策、従業員の対策、施設環境の整備、感染者発生時の対応であり、従業員の対策として指摘されているのは、マスクの着用、換気、密接の回避等といった生活指導に過ぎない。それは、厚労省が示している「新しい生活様式」と同じである。ところが、これらはアメリカで提唱された new normal とは明確に異なっている。

2　新しい常態のイメージ

　それでは、コロナ禍等の災難・災害にも耐えうる、一過性ではない「新しい常態」とはどのようなものになるのだろうか。既に多方面から言われていることでもあるが、いくつかのイメージを提案してみたい。

　特別緊急事態宣言の対象地域では、一部ではあるが、それが解除された後にも感染者が多数発生した。とりわけ深刻なのが東京を中心とする首都圏であるが、その他にも人口集中地域で多数の感染者やクラスターが発生している。このことは、地方分権が唱えられながら、首都圏、大都市圏に人口や企業が集中し（たとえば総務省統計局「都道府県別転入・転出者数」を参照）、逆の現象が日常化していた。経済の地域間格差の拡大であり、したがってこれを根本的に改革することが「新しい常態」にならなければならない。

　ステイ・ホームで普及したテレワーク、リモートワークは、別に東京にいなくても、どこでも仕事が可能な労働者や職種が多いことを実証した。Zoom、Microsoft Teams あるいは Webex などを利用すると、会議には日本だけでなく、世界中どこからも参加できるし、東京の本社で集まって行う必要はない。

第4章でも見たが、日本のテレワークの普及率は先進国の中でも決して高くはない。Indsutrie.4.0 や Society 5.0で IT（ICT）や IoT が政府主導で喧伝されているにもかかわらず（官邸の情報通信環境が最悪との6月26日の麻生財務大臣の発言はパロディであるが）。これが普及すれば、地方分権の可能性は一層高まっていく。家庭での IT 化や居住地に近接した場所での環境整備（SOHO）が必要となろう。

　しかし、テレワークでは、他方で、それに対応できない業種や職種での対応、仕事の配分や人事評価のあり方、人間の接触を断ったために生じるメンタルケア等の新たな問題も生まれている。第7章で見たように、DV が増加しているとか、共働き家庭では、女性のケア労働の負担が大きくなっているといった問題もある。社会的格差の拡大を懸念する意見も強い。これらへの対応は新たな課題となる。

　通勤電車は強度の緊密状態にあり、非人間的であり、social distancing が取れないために感染症の発生の危険を常に抱えている。「新しい常態」ではそれを回避する通勤方法が求められる。テレワークなどは、明らかに通勤を減少させる。また、毎日会社に出勤しなければならないとしても、時差出勤の方策、つまりフレックスタイム制による働き方を実行すれば、そうした効果が得られる。欧米のホワートカラー労働者の多くに施行されているこの働き方は、ワーク・ライフ・バランスにも適うのであるから、この機会に日本でも拡大させていくべきであろう。政府の政策誘導と、経済界の固い意思表明が不可欠である。

　グローバル化によるサプライチェーンの外国への移転の結果、日本のいくつかの産業が弱体化していることが分かった。たとえば食料の自給率が低く（年々低下し、2018年度でカロリーベースで37％、生産額ベースで66％。農林水産省「知ってる？日本の食糧事情」）、コロナ禍のような事態で危機に陥る危険性も出てきた。これを高めるには、若手の就農者の増加と地産地消を促進する政策が必要だと考えられている。

　また、生産性や効率化のみで産業構造を考えることがいかに危険かは、感染症対策の末端を担う保健所機能を後退させてきたことでも明らかになった（保健所数は1988年の848件から2020年の469件に減少している。全国保健所長会 HP）。厚労省はかねてから感染症対策、地域に特徴的な健康被害への対応、非常時に備え

た人材の確保と育成等のために保険所機能の強化を提案してきた（「地域におけ
る健康危機管理について〜地域健康危機管理ガイドライン〜」2001年 3 月、全国保健所
長会「平成19年度保健所の充実強化に関する提言」2008年 3 月等）。また、これまで
の感染症発生時にも PCR 検査の充実や研究の強化も提言されてきたが（厚労
省「新型インフルエンザ（A/H1N1）対策総括会議報告書」2010年 6 月等）、実際には
それに逆行する事態が進行してきた。このことが、春から初夏にかけての韓国
やドイツ等での新型コロナウイルス感染症対策と比べた場合の検査の立ち後れ、
医療体制の不備等につながった。2010年提言を実効に移していたら、コロナ対
策の様相は変わっていたであろう。

　以上要するに、強くて柔軟性、回復力のある（resilient）社会を再構築する課
題と言うことができよう。

二　働き方の根本的改革

　コロナ禍は、雇用や働く人に多大な影響や負の効果をもたらしたが、それを
回避したり、最小化する方策を模索し、実装化することが、新しい働き方・働
かせ方につながる。

　たとえば ILO は 6 月22日に、「『いつも通りでないビジネス』（Business as un-
usual）：COVID-19はどのように雇用の未来を早送りしたか」という意見表明
を公表し[2]、次のようなメッセージを発出している。つまり、新型コロナウイル
ス感染対策として多くの国で遠隔勤務が導入されたが、制限が解除される中、
この「いつも通りでないビジネス」が「新たな常態」になるか否かが問われて
いる。テレワークは、正しい環境下ではオフィスと同じくらい生産的になり得
るし、家族と食事ができたり、子供の面倒を見ることができるなど人間的な働
き方を可能にする長所がある。その一方で、労働時間と私的時間の境が不明確
になり、ストレスやメンタルヘルスのリスク増、仕事の社会的価値や人の尊厳
の喪失を招いたり、不平等を拡大するなどの欠点もある。この変化が政治や社
会の不安定化を招く構造的なものとなるか、それとも平等に向けた基盤強化の

---

2 ）https://iloblog.org/2020/06/22/business-as-unusual-how-covid-19-brought-forward-the-future-of-w
ork/

必要性に気付かせるショック療法のどちらになるかが問題となっている、と。

　ここではテレワークやIT化が中心に論じられているが、コロナ禍は雇用社会により広く深い問題を提起した。本書でこれまで明らかにしてきたことを簡単にまとめておきたい。

　第一に、自然災害や経済危機の際に最初に犠牲となるのは、常に社会的弱者である。雇用の分野では、国の雇用政策や企業の人事政策の中で雇用のバッファーとして位置づけられている非正規雇用労働者、そして技能実習生や1990年代以降日本に来て単純業務に従事する日系外国人などである。彼ら・彼女らの雇用の安定化をどのように確保するのか、つまり雇用自体に埋め込まれる「健全な労働市場を維持していくためのセーフティネット」をどのように構築するか、という課題が出てくる。経営者団体（日経連）が提示した「新時代の日本的経営」（1995年）以降に採られてきた（あるいは加速してきた）企業の人事政策は、こうした不安定雇用を増加させるものであった。それに対して採られた労働法政策は、何をもたらしたのか。それが十分でないとしたら、何が必要なのか、改めて問われなければならない。この問題が多くの人に可視化され、意識化されたのが、リーマン・ショック時であったが、残念ながらその後に十分な対策が講じられたとは言えない。

　第二に、非正規雇用は、社会保障におけるセーフティネットの面でも弱者である。勤務の期間や時間の要件を充たさない労働者（雇用保険法6条）は、雇用保険に加入していないために、雇用調整助成金の対象者とならないし、失業保険給付も受給できない。雇用が不安定である分、本来ならばセーフティネットが整備されていなければならないが、残念ながら日本のシステムはそうなっていない。

　第三に、雇用が比較的保護されている労働者についても、その弱点が露呈した。本書ではテレワーク問題を中心に論じてきたが、その他にも満員電車での通勤、家族と離れて勤務する単身赴任問題等、ワーク・ライフ・バランスと合致しない「古い日常」としての働き方が存続してきた。コロナ禍が雇用に与えた負の影響は、こうした働き方に胚胎している。「新しい日常」は、この古い日常に戻ることを意味してはいない。喉元過ぎれば熱さも忘れる式の考えは、これを機会に真剣に考え直してみるべきではないだろうか。

　第四に、働き方の多様化と言われる中で、雇用関係によらない、自営業に分類されながら、雇用に類似・近似した働き方が増加している。しかし、その多くが出来高制で報酬が支払われるため、コロナ禍で多くの人が収入の手段を失った。また、彼ら・彼女らの多くは、働いている最中に事故に遭遇しても自己責任で済まされ、ほとんど無防備である。コロナ禍で、その救済のために公的補助・支援へ公金が投入された。憲法25条があるから当然の措置であるが、それは労務利用のコストの外部化にすぎない。もしこれらの労働者が雇用関係にあるならば、使用者は労働力を利用することに伴う様々なコスト、とりわけ社会保険におけるコストを引き受けなければならないが、非雇用化することによってそれを免れることになる。日本では、これが雇用されていても非正規労働者についても生じている。

　どこの国でも同じような事態に直面しているが、しかし多様な方策が模索され、実行に移されている。この点で日本の対策は遅く緩慢である。ベーシックインカムの議論もあるが、社会保険制度の見直し・復権の議論をもっと詰めていくべきではないか。

　以上については既に論じた点も多いので、以下では視点を変えて「新たな働き方と働かせ方」について検討してみたい。

三　改めてワーク・ライフ・バランスの取れた働き方を[3]

1　単身赴任の見直し

　単身赴任を行っている労働者は、100万人ほどいると言われている。その弊害として以前から、子供への影響（コミュニケーション不足、子供の成長への影響等）、残された家族である妻の負担の大きさ（日常的な家事や教育、ケアの負担がすべて負わされる）、労働者本人の健康の問題等が指摘されていた。コロナ禍では、長距離移動が制限されたために、家族間の断絶が大きな問題になった。こ

3）以下の叙述のうち、単身赴任に典型的に見られる人事異動政策の問題については、和田肇「人事異動の法政策——転勤を中心に」労旬1940号（2019年）31頁以下、フレックスタイム制については、同『労働法の復権——雇用の危機に抗して』（日本評論社、2016年）100頁以下、149頁以下を、ワーク・ライフ・バランスに配慮した人事のあり方については、同『人権保障と労働法』（日本評論社、2008年）146頁以下を参照されたい。

れはテレビ電話等で対応しきれるものではない。

　コロナ禍でこの単身赴任を見直す企業が出始めている。例えばカルビーは、6月25日に発表した「Calbee New Workstyle」で、7月1日からオフィス勤務の約800人について在宅勤務などを含むモバイルワークを原則とし、出社を効率性の向上や直接の意思疎通が必要な場合などに限定するとともに、所属部門が認めた場合には単身赴任を解除する方針を示した（https://www.calbee.co.jp/newsrelease/200625b.php）。

　コロナ禍とは関係なく、多くの企業が転勤制度を見直し始めている。AIG損害保険では、女性社員と共働き世帯の増加、社員が介護に直面することなどもあり、転勤を強いることは難しくなってきたとの認識の下に、本人が希望しない「全国転勤」を原則廃止する制度を2019年4月より導入している。転勤が多い保険業界では珍しいケースのようである。報道によれば、その運用は、社員が希望勤務エリア・都道府県を選択し、そのエリア内のみで異動、社員本人および家族のライフステージの変化に伴い、別エリアへの異動を希望する場合には、社内公募制度などを活用しエリア変更をすることが可能、キャリア設計において従来型の転勤制度を希望する社員は、そちらを選択することも可能、とされている（https://prtimes.jp/main/html/rd/p/000000049.000020772.html）。ただし、社員の希望を優先すると勤務地は東京や大阪に偏りがちになったり、転勤がなくなると人員配置が難しくなり、転勤者が偏ると不公平感が生まれるため、AIGは、転勤希望者で希望地以外に転勤する際には従来より5割高い住宅補助と月額20万円の手当を支給している。転勤廃止で引っ越し費用や社宅の維持費が減り、浮いた原資を手当に回すという（はたらく未来研究所HP）。

　カゴメでは、「生き方改革」として、テレワークの推進、フレックスタイム制の導入等とともに、一定期間ではあるが勤務地を限定した働き方を選択できる制度を採用している（https://www.dodadsj.com/content/190820_kagome/）。同様の制度は、キリンビール、三井住友海上火災保険等においても採用されている。

　これまで会社の業務上の事情のみで一方的に命じられ、労働者としてはよほどの事情がないとそれに従わざるを得なかったが、こうした企業慣行を見直す企業が増えてきたということである。その理由は多様であるが、最も大きいのは家族との時間を過ごしたいとか、ケアのために同居を望む労働者が増えたこ

と、つまりワーク・ライフ・バランスの尊重である。こうした流れから、日本的な雇用慣行をそのまま追認してしまった、その意味では労働者からは評判の良くない最高裁判決は変更を余儀なくされている。[4]

2　フレックスタイム制

　フレックスタイム制とは、労働の開始時間と終了時間を全労働者に一律に設定する定型的な労働時間制に対し、これを労働者の判断に委ねる柔軟な労働時間制である（労基法32条の３）。労働の仕方全体を労働者が裁量的に決定できる制度として「裁量労働時間制」があるが（労基法38条の３、同38条の４）、フレックスタイム制では労働者が自由に決定できるのは出勤時間と退社時間にすぎない。

　多くのケースでは、誰もが必ず在社していなければならないコア時間が定められ、その前に数時間の出勤時間帯が、また後に数時間の退社時間帯が設けられている（フレキシブル・タイム）。たとえば夫婦共働きで、子供を保育園に預けている家庭が、朝の通園を男性が担い、夕方の退園を女性が担うといった利用が可能である。あるいは、朝型人間は早朝に出勤し、静かな環境で集中的に働き、その分夕方早く退社するような働き方にも対応できる。

　この労働時間制は、1960年代のドイツで開発され、ドイツでは９割以上の企業で導入され、相当数の労働者がそれで働いている。ドイツの労働者は圧倒的に早朝型で利用しているようである。ところが日本では、ごく例外的に利用されているに過ぎない。厚労省「平成31年就労条件総合調査の概要」によれば、導入企業は5.0％、導入労働者の割合は8.2％であり、この数値はこの何年間かほとんど変化がない。導入されていない理由としては、適した職種や業務がない、取引先に迷惑がかかる、業務の生産性が下がるなどがあげられている。日本の集団的な働き方や過度なオンデマンド・サービスという商慣行に原因がありそうである。

　ところが、コロナ禍で問題とされたのは、異常に過密な通勤地獄であり、それに戻ることは「古い日常」であるに過ぎない。企業経営者はこれを機会に、

4）東亜ペイント事件・最高裁昭和61年７月14日判決・労判477号６頁。

過密な通勤を回避する方策の導入に真剣に取り組むべきである。

　日本でフレックスタイム制が導入されていないことは、労働時間決定主権をもっぱら使用者が握っており、労働者がワーク・ライフ・バランスや効率性を考慮して働き方を決定できないこと、つまり労働時間主権を有していないことを意味する。見方を変えれば、先の単身赴任問題もそうであるが、労働者が自らの生活のあり方を決定する可能性（生活時間主権とも言われている）は、極めて低いということになる。

　日本での生産性を高めるためには働き方改革が必要であると言われて久しいが、それについて議論されているのは、労働時間と賃金との切断というテーマが主で、効率を考えた働き方についての議論は弱い。その意味でも「新しい常態」にふさわしい「新しい働き方」の検討が必要となる。

3　ケア労働と家族共同責任

　家事、育児、介護などのケア労働が主婦や、共働き家庭でも女性に任されていることは、統計資料から明らかである。内閣府男女共同参画局「『平成28年社会基本調査』の結果から〜男性の育児・家事関連時間〜」（2017年10月）では、次のような実態が明らかにされている（対象は6歳未満の子供を持つ夫婦の育児・家事関連時間で、介護時間は含まれない）。

　①　男性の時間は、1996年に38分が2016年に83分に増加しているが、先進国の中では依然として短い（フランスの1／1.8、ドイツの1／2.7、スウェーデンの1／2.4）。

　②　男性の家事時間は、妻が無業の場合1時間15分、有業の場合1時間24分と、両者でほとんど変わりが無い。妻の仕事時間と家事時間は、妻有業の場合4時間13分と6時間110分であるが、妻無業の場合4分と9時間25分である。

　コロナ禍では、義務教育機関等が休校したためにこどもの育児・世話が必要となり、あるいは感染者が出た介護施設が閉鎖されたために家での介護が必要となるなど、ケア労働の機会が増加した。また、家での仕事が増えたためにDV（ドメスティック・ヴァイオレンス）が増えたことが報道されている。

　男女平等社会では、これらはいずれも家族が協力して取り組まなければならない仕事である。日本の企業社会はそうした点にこれまで十分に配慮してきた

だろうか。家族や個人の事情よりも企業事情を優先してきた人事管理や、それを理論的に支えてしまった判例法理などは、根本的な改革が必要であるとかねてから唱えられてきたのに、残念ながら実態はほとんど変わっていない。緊急事態宣言が解除されたら、従前と同じように従業員全員に出勤を命じてしまう企業が多かったが、その結果、再び感染者が急増した。企業経営者にも是非「新たな常態」での働き方、働かせ方を率先して提案してもらいたい。それが「新しいビジネス」のあり方とも言えそうだからである。

　新しい企業モデルについては、たとえばアメリカを代表する企業経営者181人が参加する "Business Roundtable" が、2019年 8 月19日に、企業経営の目的のパラダイム転換を求める声明を公表している。それによれば、アメリカ資本主義はこれまで「株主資本主義」と呼ばれてきたが、新しい企業目的（企業が持続可能性を維持するための目的＝長期的な価値）は、消費者、従業員（利益の還元や教育訓練等）、サプライヤー（フェアーで倫理的に対応すること）、地域社会等すべてのステークホルダーを尊重したものでなければならないと提唱されている（https://opportunity.businessroundtable.org/）。また、コロナ禍に対しても、消費者と従業員の安全を確保するための行動指針を提起している（2020年 5 月18日の声明など）。

　日本のビッグビジネスのリーダーからこうした発言が出てくることは寡聞にして知らないが、それを期待したい。

4　連帯の強化

「今回のパンデミックのあとに、よりよい世界が生まれるようにするためには、私たちはこの瞬間がもたらした謙虚さと連帯の感覚を受け止め、育んでいかねばならない。」

「この危機を乗り切る方法は私たちが一体になること　コロナウイルス渦中に芽吹く相互扶助」

　これは「文藝」2020年秋号が特集した「世界の作家は新型コロナ禍をどう捉えたか」に掲載されたメッセージである。前者はトルコの作家で2006年にノー

---

5 ）ここでの判例とは、主として日立製作所武蔵工場事件・最高裁平成 3 年11月28日判決・労判594号
　 7 頁を指す。

ベル文学賞を受賞したオルン・パムクの、そして後者はアメリカの著述家レベッカ・ソルニットの発言であるが、二人とも新しい常態での「連帯」の必要性を説いている。

　コロナ禍は、とりわけステイ・ホームにより人々のつながりを弱体化させた。その反動として、5月下旬に緊急事態宣言が解除されると、人々はお互いのつながりを求めて職場や街に出始め、再び感染が拡大した。また、Zoom やTeams あるいは各種のインターネットを通じたコミュニケーションを強めた。

　この間に労働組合運動や各種の社会団体・市民団体の活動も、人々の濃厚な接触が不可能となり、困難を抱えたが、様々な努力の積み重ねにより一定水準を維持することができた。第1章でも見たように、コロナ禍で大きく傷んだ雇用現場の回復にとって、労働組合の存在や活動が不可欠であることが明らかになった。医療現場でも、経営悪化による賃金切り下げに対抗できたのは、労働組合の団体交渉を通じてであった。

　IT 化の進行や、生き方の個人主義化のために人間のつながりが希薄化している社会において、働く現場における人々の連帯を回復・復権させていく試みは欠かせない。こうした災禍下での人間性の維持や回復は、やはり新しい常態としても重い課題である。

四　新たな労働法規制に向けて

1　標準的労働関係モデルとは

　私は20数年前から、今後の労働法の規制のあり方として、ドイツ法に示唆を得て「標準的労働関係モデル」を提案してきた。[6]

　標準的労働関係とは、直接雇用（対概念は労働者派遣のような間接雇用）、無期雇用（対概念は有期雇用あるいは短期雇用）、フルタイム労働（対概念はパートタイム労働）、労働保険（雇用保険と労災保険）・被用者社会保険（医療保険、年金保険）

6）和田肇「ドイツ労働法の変容——標準的労働関係概念委を中心に」学会誌労働法93号（1999年）57頁以下、同・前掲注3）書（人権保障と労働法）100頁、282頁以下、同・前掲注3）書（労働法の復権）8頁以下、183頁以下、279頁以下も参照されたい。なお、標準的労働関係モデルは、ヨーロッパにかなり共通のモデルである。Jan Buelens/ John Pearson（eds.）, Standard work: an anachronism ?, 2013 Intersentia Antwerp-Cambridge.

によるカバー（被保険者資格）、労働組合等の労働者利益代表システムの適用下にある労働関係を言う。法規制の理念的な姿として、こうした標準的労働関係モデルを念頭に置くべきだと考えている。標準的労働関係ではない雇用に対しては、標準的労働関係をコア（核）に規制される法制度が、同心円的に放射されていくことになる[7]。それは、伝統的な日本の労働法体系とは異なる規制モデルである[8]。

　伝統的な法規制の仕方は、終身雇用型の正社員モデルを中心としながら、非正規労働者や縁辺労働者をその周辺に置き、両者間には基本的に架橋が存在しない。たとえば有期雇用の無期雇用への転換制度は存在しなかったし、フルタイム労働者とパートタイム労働者との大きな労働条件格差は、当然のことと考えられてきた。労働保険や社会保険についても、正社員男性モデル（男性片働きモデル・男性稼ぎ主モデル）で、非正規雇用者の多くはこれから排除されるか、被扶養者として正社員モデルにぶら下がる存在として考えられてきた。1995年に日経連が提案した「新時代の『日本的経営』」による雇用（ポートフォーリオ）の3分類も、それを前提にし、あるいは非正規雇用を拡大することによって分断的人事政策、労務政策を増幅させた。

　これに対して私の提案してきた標準的労働関係モデルでは、標準的モデルで規制されている法規制（勤務形態に関係ない規制も含む）を他の雇用形態に波及・放射させていき（あたかも池に石を投げ入れたときに波が同心円で拡散していくように）、それで十分でない点については新たな法規制を作出することになる。後者については、たとえば労働組合の組織率が20％を切り、かつそれと労働協約

7）コアの規制が同心円的に拡散していく規制モデルについては、ドイツの労働法学者で、労働者概念研究の第一人者であるヴァンク（Rolf Wank）が労働者概念で描いていることが参考になる。ヴァンクは、労働者概念の同心円モデルを次のように説明する。すなわち、最も小さい円（コア）に標準的労働者を置き、その周りの円に非典型雇用労働者が来て（この者には標準的労働者と同じ、あるいはそれと均等な保護が適用される）、その周りの円に労働者類似の者があり（標準的労働関係労働者と同じ保護が部分的に適用される）、さらにその周辺に自営業者でも特に社会的保護（安全衛生、災害補償、差別禁止等）の必要性がある者が来る（ロルフ・ヴァンク（桑村裕美子訳）「労働者か自営業者か──方法論と比較法」橋本陽子編『EU・ドイツの労働者概念と労働時間法』（信山社、2020年）48頁以下）。著者の発想と基本的に同じである。
8）放射モデルについては、和田肇「雇用の多様化と均等処遇」法時75巻5号（2003年）15頁以下で提起した。

のカバー率がほぼ同じか、それより低い日本では、ドイツのような従業員代表機関を制度化すべきことになる。

　前者については、これまでにも部分的には導入されてきた。たとえば反復更新された有期労働契約に関する雇止めの法理（ドイツでは解雇権濫用論の回避の法理）、2007年パート法改正によって導入された通常の労働者と同視すべきパート労働者の差別禁止（改正法8条）、均衡処遇（同法9条以下）、通常の労働者への転換促進（同法12条）、2012年労契法改正で導入された有期雇用の無期転換権の付与（同法18条）、有期であることを理由として不合理な差別の禁止（同法20条）、あるいは労働保険や社会保険の加入条件を緩和する幾たびかの改革などがある。これらは、非正規雇用の存在を前提にしながら、希望する労働者に雇用が安定する無期転換権を与えたり、「通常の労働者」の労働条件との著しい格差を縮小していく措置と言える。

　しかし、こうした法規制の放射が十分かというと、労契法20条で救済（格差が解消）されるのは、通勤費などいくつかの手当にすぎず、欧米型の「同一労働同一賃金」とはまだ雲泥の差がある。そのため「日本型同一労働同一賃金」[9]などとも呼ばれることがあるが[10]、こうした看板倒れ（人気取り的な）の立法については、その本質を見抜く必要がある[11]。

9）和田肇「パートタイム労働者の均衡・均等処遇の法政策」和田肇・緒方桂子編『労働法・社会保障法の持続可能性』（旬報社、2020年）163頁以下で、この問題を分析している。なお、私は現行法の限界を言っているだけで、現行法を活用した労働組合の交渉あるいは裁判闘争を通じた労働条件改善の主張の意義を否定するものではない。

10）樋口美雄「日本の労働市場の変質と非正規雇用の増加」日労研691号（2018年）48頁、山田久『同一労働同一賃金の衝撃』（日本経済新聞出版社、2017年。水町勇一郎『「同一労働同一賃金」のすべて』有斐閣、2018年）も、2018年のパート・有期法改正の全体を「同一労働同一賃金」と表現している。

11）神吉知郁子「労働法における正規・非正規『格差』とその『救済』」日労研690号（2018年）67頁以下は、労契法20条をスローガンとして「同一労働同一賃金原則」の具体化とネーミングするのは、内容の誤解を生じさせるものだと指摘する（なお神吉は、その後の論述は労契法20条の解釈に終始し、その限界を抜け出す方策を提案していない）。したがってまた、これを「日本型同一労働同一賃金原則」と言い換えることも、ミスリーディングなネーミングである。これを私たちは、同一労働同一賃金論のガラパゴス化と理解している（遠藤公嗣「国際基準と日本のガラパゴス的『同一労働同一賃金』」季刊個人金融2018年夏号1頁以下参照）。

2　標準的労働関係モデルの若干の修正

私の提起した標準的労働関係モデルについては、いくつかの批判が出されているので、それに答えておくべきであろう。そこには誤解もあるし、私の表現力不足もあった。あるいは批判を契機に再考する機会となった点もある。

西谷は、労働者のニーズを無視して、パートタイム労働等を標準的労働に従事する正社員に収斂させていくものであると理解し、それを批判した[12]。また島田も、雇用形態の多様化が進行していく中で、標準的労働関係も基盤は失われ、それをモデルとした法規制は現実的でないという[13]。しかし、これらは私の考えているモデルの誤解である。

私は、非正規雇用はできるだけ減少させた方がよく（厚い中間層の創出）、とりわけ若者層で減少させるべきであると考えている。それは、雇用と生活の安定、熟練・キャリアの形成、働きがいあるいは将来の年金支給といった面からやはり標準的労働関係が望ましいと考えられるからである。仮に最低賃金が時間給で1,000円にアップされたとしても、フルタイムの有期雇用で勤務する場合の年収や雇用の安定のことを考えたら、それでは決して安定した生活はできない。

その解決方法としては、労働者派遣法を可能な限り制限し、できれば制定当時の形に戻すこと、パートタイム労働や有期雇用については、不本意な勤務形態を減らすこと、そのためには多くの国で導入されている非正規雇用から正規雇用への途（転換権）を拡大すること等が必要である。2012年労契法改正はその途を一定程度拓いたが、例えば同法18条は5年という長期の要件を課しており、他国と比較してみてもそれは長すぎる。

とはいっても、労働者の意思・意図を無視してまで正規雇用化を実現すべきだとも、皆が正社員にならなければいけないとも考えてはいない。労働者にも働き方の選択権があり、それ自体は尊重されなければならない。その場合にも、正規雇用と非正規雇用が完全に分断された雇用コースとなっていること[14]、後者

---

12) 西谷敏『労働法・第2版』（日本評論社、2013年）434頁。なお、『同・第3版』（同、2020年）485頁では、少しニュアンスが変わっている。

13) 島田陽一「これからの雇用政策と労働法学の課題」日本労働法学会編『講座労働法の再生第6巻・労働法のフロンティア』（日本評論社、2017年）75頁。

は前者に比べて様々な点で不利益であったり、大きな格差がある点は大きな問題である。

　私見への批判では、非正規雇用の雇用改善に関する立法政策の基本哲学（何故有期雇用の無期雇用への転換権が必要となるのか、何故通常の労働者との比較で均衡や均等処遇を問題にするのか）、方向性を示していない点に不満が残る。

　以上とは趣旨を異にするが、雇用保険法が正社員を標準的モデルとして展開してきたことを批判する脇田の見解には、傾聴すべき点がある。すなわち、雇用保険法は1970年代に正規雇用が標準的であった時代に確立し、その後もそれを中心に運用してきたために、その後急増し、その多くが半失業（半雇用）の状況にある非正規雇用を救済対象から排除する結果となってしまったという分析である。[15]日本の非正規雇用立法政策は、雇用平等立法政策とともに、福祉国家・社会国家を理念とする先進国の中で明らかに周回遅れとなっている。この批判は、標準的労働関係モデルが排除モデルではなく包摂モデルでなければならないことを示唆する。

　標準的労働関係モデルは、法規制のあり方を提案している。これは現実の正社員（猛烈型正社員）の姿とは異なる。また、現実の正社員（メンバーシップ型）モデルを前提に提起される限定（ジョブ型）正社員モデルともそれは異なる。限定正社員モデルは、現実の正社員のあり方を念頭に置いた理論を前提にして、限定正社員について、職務内容や勤務地が限定されている分だけそれより保護が薄くなることを必ずしも否定しておらず、その結果セカンドクラスの正社員を新たに作り出すことになってしまいかねないからである。

14）ドイツでは、2000年に制定されたパート・有期労働契約法（Gesetz über Teliyeitarbeit und befristete Arbeitsverträge）8条でフルタイム労働者のパートタイム転換権を認めたが、一旦パートタイムに転換すると再度フルタイムに戻ることはできなかった（無期限の転換権という）。その後2018年改正法9a条で期限付パートタイム転換権を導入している。これにより合意されていた期間を過ぎると労働者は再び元のフルタイムに復帰することができる（有期の転換権という）。この制度は「架橋的短時間労働時間」（Brückenteilzeit）と呼ばれているが、これは明らかに標準的労働関係モデルを念頭に置いた立法（政策）である。詳しくはクリスティーナ・クレナー（緒方桂子訳）「人生における時間のニーズの変化に対応するための選択的労働時間制度」和田・緒方・前掲注9）書121頁以下を参照。

15）脇田滋「雇用保険法の運用と課題」脇田滋・矢野昌浩・木下秀雄編『常態化する失業と労働・社会保障』（日本評論社、2014年）224頁以下。

　標準的労働関係モデルは、非正規雇用から正規雇用への、あるいは将来的には両者の相互移行を保障するための、また非正規雇用の均等処遇を実現するための、そして働き方にニュートラルな税や社会保障制度を実現するためのモデルである。つまり、それは労働法や社会保険制度がそうなっていない状況を変化するための視座を提供するものとして構想されている。

3　非正規雇用立法政策を考える視点

　全労働者の4割弱に達する非正規雇用にどのように立法対応をするかは、今日、労働法の中心的な課題の一つである。それについて、雇用市場政策としてアプローチするのか、それとも基本的人権に関わる問題としてアプローチするのか、対立がある。実際に採られているのは、正規・非正規間格差は憲法14条の差別禁止理由（性別、思想信条、社会的身分等）には当たらないとして、前者の雇用市場政策アプローチである。しかも、それは概して立法政策に消極的であるが、そうしたアプローチで十分なのだろうか。

　非正規雇用立法政策を考える当たっては、余りにも大きな労働条件格差が労働者のモチベーションを奪ってしまうという問題に限らず、同じ仕事をしているのに何故に大きな格差があるのかという個人の尊厳に関わる視点（憲法13条に関係）、非正規雇用が圧倒的に女性に偏在しているという性差別の視点（憲法14条に関係）、非正規雇用問題は雇用終了後の年金生活をも決定するという視点（憲法25条に関係）などを総合的に、あるいは複眼的に考慮することが求められる。これらを基本的に労働市場の規制力に任せ（新自由主義的アプローチ）、仮に立法政策を講じるにしても、社会改良的な対策に留めるというのでは、事の本質を見誤る。

五　セーフティネットの強化

　セーフティネットの性格上、雇用の危機に直面してその機能の意義、あるいは整備状況が可視化される。これまでにも重大な経済危機や自然災害の際に、

16）和田肇「労働法・社会保障法の持続可能性というテーマ」和田・緒方・前掲注9）書3頁以下で詳しく論じている。

セーフティナットの不備が指摘されてきた。コロナ禍は、ダムや堤防がどんなに強固でも、現在の予測不可能な大雨には十分でないのと同じような側面を持っている。しかし、森林や田園の保水力の強化や（農林業の再生）、遊水池の確保、ハザードマップに応じた住宅政策など、講ずべき対策はいくつか考えられる。雇用についても同じことが言えるのではないか（仮説）。

第一に、休業手当は、雇用の確保が前提であるから、容易に雇止めや解雇が行われない仕組みが必要である。たとえば無期転換権の要件を5年から3年にすることで、現行よりも条件整備になる。また、雇用調整助成金は雇用保険加入が条件となっているので、現在の要件である㋐31日以上引き続き雇用されることが見込まれる者、㋑1週間の所定労働時間が20時間であること、のうち少なくとも㋑の要件を緩和すべきである。この要件は通常の労働者（フルタイム労働者）の所定労働時間を40時間と想定し、その半分以上として設定されているが、こうした雇用で生活をしている労働者にとって失業が生活の困難を生むことには変わりがない。また、通常のポストを週20時間未満のパートタイム雇用に分割している使用者は、雇用保険料の負担を免れるが、それは労働力利用のコストの公平な負担という視点から見ても合理性がない。以上は、雇用自体に埋め込まれるセーフティネットの課題である。

第二に、第一とも関連するが、社会保険制度の再編が必要となろう。ドイツでは日本と異なり長い間、皆保険・皆年金制度は採られておらず、被用者保険を中心に設計され、それに他の就業者をできるだけ組み込む制度となっていた。[17]そのメリットとして、労働者が1名でも使用者には疾病金庫への届出と社会保険料の納入が義務づけており、またミニジョブやミディジョブという短時間、少収入労働者についても被用者社会保険がカバーし、使用者に社会保険料の負担が課されている（第5章を参照）。さらに、労働者ではない芸術家等にも固有の社会保険制度が存在し、契約の相手方に社会保険料の負担が求められている。それに対して日本では、たとえば国民健康保険の加入者のうち32.3%が

17）なお、2007年から医療制度改革が行われ、それまでは被用者医療保険のみが強制保険であったが、2009年からは皆保険となっている（ただし、公的保険のみでなく民間保険を含めていずれかの保険に加入が義務づけられる）。ドイツの医療保険制度については、藤本健太郎「ドイツの健康保険制度における事業主の役割」健康保険組合連合会『健康保険制度における事業主の役割に関する調査研究』（2011年3月）を参照。

被用者であり（政府統計「国民健康保険実態調査2019年度」中の「保険者の規模別、世帯主の職業別にみた世帯数の構成割合」）、その限りで使用者には労働力利用に伴うコストの負担が回避される。そのことの妥当性を再検討すべきである。

　第三に、自営業者あるいはフリーランスのうち「雇用関係に類似した者」のセーフティネットの問題である。第 6 章でも論じたが、改めて整理しておきたい。

　判例や有力学説が考える日本の労働者概念は、ドイツ法に比べると硬直的である。つまり、コアに労基法（ 9 条）・労基法関連法（最低賃金法 2 条 1 号、労災保険法等）・労契法（ 2 条 1 項）の労働者概念があり（核となる労働者概念）、その周辺に労組法（ 3 条）の労働者概念が置かれるのみである（拡張された労働者概念）。しかし、雇用の多様化や労務給付の多様化にこれでは対応しきれない。また、労働立法にはそれぞれの趣旨があるが、その趣旨を十全に活かすことができない。刑事罰を前提にしている労基法（それと関連した法）の労働者概念と、契約上の権利義務を規定する労契法における労働者概念を、同じと解釈する必然性はない。

　労契法 5 条は安全配慮義務を定めているが、使用者の安全配慮義務の対象となる労働者は、自ら直接雇用する労働者だけでなく、事業場内下請企業の労働者[18]や派遣元の労働者[19]にも及ぶ。これは使用者性の問題であるが、労基法が予定している事業主たる使用者とは異なる。また、労契法16条の解雇権濫用法理の実質的根拠は、労働者と使用者の経済的地位の相違（経済的従属性）であり、労基法が予定しうる労働者は、それにプラスして使用者の指揮命令に対する拘束性（人的従属性）あるいは企業組織への編入（組織的従属性）に求められるのであるから、ここでも違いが出てくる。したがって、労契法上の労働者は、ドイツ法でいう「労働者類似の者」に当たると考えるべきであろう。

　判例法理が考える労組法 3 条の労働者は、主として企業組織への編入（組織的従属性）を中心に経済的従属性と人的従属性が緩和された状態にある労務提供者である。

　これらの周辺にあるのが、「雇用関係に類似した自営業者」、ドイツ法でいう

18）鹿島建設事件・最高裁昭和55年12月18日判決・判時992号44頁。

19）ニコン・アテスト事件・東京高裁平成21年 7 月28日判決・労判990号50頁等。

「偽装自営業者」である。これらの者にも、立法政策として労働保険や被用者社会保険の被保険者とすることも検討に値する。少なくとも非労働者政策や外部労働力の利用という形を取れば、労働力利用に伴うコストの負担を回避できるというのは、社会保険の財源の充実化という政策課題に阻害的に働く。

　以上の労働者・自営業者を同心円状に並べると、次のようになる。まずコアに労基法・同法関連の想定する労働者が座る。その周りに労組法上の労働者が位置づけられ、さらに労契法上の労働者（労働者類似の者）が来る。そしてもっとも外の縁に「雇用関係に類似した自営業者」が置かれることになる。

六　まとめに代えて

　コロナ禍で人々は将来の不透明感で悩んでいる。それに光明や出口を示す責任を負っているのは、科学者であり、研究者である。とりわけ人文科学や社会科学に携わる者の責任は重い。時の政府は、これら学問の社会的意義を軽んじる政策を続けてきた。自然科学、その中でも社会的実装につながり、経済を成長させる科学には投資をするが、人文社会科学は個人の趣味のようにしか考えていない。こうした中で私たちの責任は重い。

　本書は全体で、コロナ禍で不可欠となった臨時的、緊急的な社会保障対策にも言及してきたが、こうした危機の繰り返しが不可避な中で（様々な危機の不可避性）、制度的なセーフティネットの張り直し、再構築が重要であることを繰り返し説いてきた。

　本書がそれを示し切れたかは、甚だ心許ないが、何かを考える一助になっていれば幸いである。こうした地道な作業は、今後も続いていくこと、あるいは続けていかなければならないことだけは確かである。

〔和田　肇〕

執筆者紹介

編著者

和田　　肇（わだ・はじめ）　　　　　名古屋大学名誉教授
[序章・第3章・第4章補論・第6章・第9章]

著者（執筆順）

浅野　文秀（あさの・ふみひで）　　　名古屋ふれあいユニオン副委員長
[第1章]

小島　周一（こじま・しゅういち）　　弁護士（神奈川県弁護士会）
[第1章]

愛敬　浩二（あいきょう・こうじ）　　早稲田大学法学部教授
[第1章コラム]

塩見　卓也（しおみ・たくや）　　　　大阪市立大学大学院法学研究科特任教授、
弁護士（京都弁護士会）
[第2章]

山川　和義（やまかわ・かずよし）　　広島大学大学院人間社会科学研究科教授
[第4章]

上田　真理（うえだ・まり）　　　　　東洋大学法学部教授
[第5章]

川上　資人（かわかみ・よしひと）　　弁護士（東京弁護士会）
[第6章コラム]

浅倉むつ子（あさくら・むつこ）　　　東京都立大学名誉教授、早稲田大学名誉教授
[第7章]

緒方　桂子（おがた・けいこ）　　　　南山大学法学部教授
[第8章]

編著者

和田　肇（わだ・はじめ）

名古屋大学名誉教授

主要著作：『労働契約の法理』（有斐閣、1990年）、『ドイツの労働時間と法——労働法の規則と弾力化』（日本評論社、1998年）、『人権保障と労働法』（日本評論社、2008年）、『労働法の復権——雇用の危機に抗して』（日本評論社、2016年）、『講座労働法の再生第4巻　人格・平等・家族責任』（共編著、日本評論社、2017年）、『労働法・社会保障法の持続可能性』（共編著、旬報社、2020年）、『新基本法コンメンタール労働基準法・労働契約法〔第2版〕』（共編著、日本評論社、2020年）

コロナ禍に立ち向かう働き方と法

2021年1月20日　第1版第1刷発行

編著者──和田　肇

発行所──株式会社日本評論社

　　　　　〒170-8474　東京都豊島区南大塚3-12-4

　　　　　電話03-3987-8621　FAX03-3987-8590　振替00100-3-16

印　刷──精文堂印刷株式会社

製　本──株式会社松岳社